黄色に描かれる西洋人

思想史としての西洋の人種主義

Jun Kitahara
北原 惇

花伝社

黄色に描かれる西洋人——思想史としての西洋の人種主義◆目次

まえがき　7

第一章　黄色になった西洋人　9

時代の変化を反映したスウェーデン政治の変化／10　黄色の顔をした男が党のシンボル／12　ヨーロッパ人は自分たちの皮膚は黄色いと理解し始めた／14　シンプソン一家／16　時代の変化を反映したアメリカ社会の意識変化／18　パジャマを着たバナナたち／20　素朴な疑問／21　人種を色で描写するのは文明史、思想史の問題／23

第二章　文明はなぜエゴイズムになるのか　25

文化を作り出す操作動機／26　文化とは環境操作をすること／27　文化は主観的で自己中心的／28　技術は両刃の刃／29　人間の多様性／31　文明の基本はエゴイズム／33　迷惑文化、迷惑文明の例／34　相手を見てから迷惑文化、迷惑文明を押しつける／36　西洋にはパックス・シニカは押しつけない／38

第三章　西洋文明のエゴイズム　41

「言論の自由」など存在しない／43　学術界での関門／45　大学から追われる可能性／46
マス・メディアの関門／48　文明による知識の操作と洗脳／49　メード・イン・ウサ／50
国益を教えこむテレビのチャンネル／51　日本をパックス・アメリカーナに組みこむ準備／54　占領軍による思想改革と検閲／56　日本は悪者であったとする戦後教育／58　パックス・アメリカーナを疑わない戦後の日本人／59　開国の恩人になってしまったペリーとハリス／62

第四章　人種主義に色を用いる理由　64

人種に色を当てはめる現実／66　物理的な現象としての色とは関係ない人種描写／67　「白」と「黒」の起源／69　「善」と「悪」になってしまった「白」と「黒」／70　『白鳥の湖』／72　対になって意味をなす「白」と「黒」／74　人種描写の色に現れた価値観／75　「白」と「黒」の問題点／76　「白」と「黄色」の問題点／78　西洋文明の白と黄色の認識の柔軟性／79

第五章　なぜ人種主義が必要になったのか　82

人種意識のなかった古代ギリシャとローマ帝国／83　フン族に対するローマ帝国の反応／84　異人種に対するモンゴル人とロシア人の態度／86　異人種に対する日本人の態度／87　フランソワ・ベルニエの人類の分類／89　人種に色を割り当てる分類の始まり／90　西洋の人種主義の台頭／91　人種を色で表現するのは現代西洋の戦略／93　ヨーロッパ人であることを考えたくないヨーロッパ人／95　惨めな過去を否定する解決策としての「白い人」信条／96　西洋から見た日本人――コウナーの考え／99

第六章　西洋文明のホンネとタテマエ　103

西洋文明の二枚舌／104　侵略主義、植民主義、人種主義の過去を謝罪しない西洋／106　現在でも行われている西洋の植民主義／107　途上国からの養子は人身売買／110　人権を無視された養子／112　それではどうすればよいか／113　二枚舌と人種主義／114　日常生活に入りこむ人種主義／115　政治思想とは無関係の人種主義　／117　「左翼」のデモに見られる人種主義／118　学術界の人種主義／120　ムガール帝国はモンゴルの帝国／122　教科書の人種主義／124　二一世紀始めの人類学の教科書／126　ホンネになってしまうタテマエ／128

第七章　文明内の考えは流動的である　130

人種主義反対の思想の台頭／131　反体制のきっかけとなったロック音楽／132　反体制文化としてのロック文化／134　アメリカの人種表現の用語の変化／136　「ニグロ」から「ブラック」へ／137　「天然色」映画で見せる皮膚の色／139　西洋人が日本人を演ずる場合／141　テレビに映る皮膚の色／143　オウミって誰？／144　だまされてしまったスウェーデンの有名人／145　チャーリー・チャン／147　日本人に見えるスウェーデン人／148

第八章　西洋の人種主義を信じてしまう日本人　150

鎖国は侵略主義と植民主義回避の手段／151　西洋文明のアジアの侵略と植民地化／153　アメリカの高圧的な傲慢さ／155　当然の結果としての反西洋の思想／156　西洋を憎み嫌う反応から生まれた西洋気取りの思想／157　攻撃者である西洋と同一視をした結果／159　ヨーロッパでの「黄禍論」の台頭とアメリカの排日移民法施行／160　鎖国時代にやってきたアメリカ人に対する反応／162　文明開化の時点の西洋人に対する態度／164　開国直後の西洋人に対する態度／165　同一視の結果としての西洋の人種主義受け入れ／167　人種差別禁止条項なしの国

際連盟発足と排日移民法成立後の日本／168　「つくる会」の教科書に見られる西洋の人種主義受け入れ／170　日本人は「黄色」ではない、という主張／172

第九章　日本文化になってしまった西洋の人種主義　175

小説に描写される日本人／176　谷崎の精神分析的説明／179　その他の文学作品／180　占領軍の政策／181　日本の侵略主義と植民主義は西洋に責任がある／184　現代の日本文化は翻訳文化／186　パックス・アメリカーナを宣伝する教師／188　現代日本人の人類学的知識のおそまつさ／190　日本人の不可解さ／191　別の表現の必要性／193　西洋文明の特徴の要約／194　二一世紀始めの西洋文明は変化している／196

あとがき　198

参考文献　200

まえがき

現実的に考えてみると、人間が無人島のようなところでたった一人で生きてゆくのは大変難しい。社会の中で他人と一緒に暮らすほうがはるかに容易である。そして他人と暮らす場合、手振り身振りで意思の疎通を図ることも不可能ではないが、言語を使用すればはるかに事がはかどり、すべてが簡単になる。

しかしここに落とし穴がある。言語を用いることはある特定の言語の文化圏に参加し、その一員としての立場からその言語を用いることになる。ある単語の意味は社会で通常合意されている意味で用いなければならない。そうでなければ意味が通じず、心理症の人間のような立場になってしまう。ある単語の意味の限界を超えて特異な表現をし、それを他人に理解させることもできないわけではなく、詩その他の文学作品には散見されるが、これはそのような才能のある人たちだけに限られ、ほとんどの人間にはできない。したがって日本語なら日本語を用いて自分の考えを他人に伝える場合、用いられる単語に関してその送り手と受け手の間にかなり明確な合意があることになる。べつの表現をすれば、これは国語辞典に説明されてあるものと考えればよい。

意味論（セマンティックス）と呼ばれる研究分野があるが、これは現在では大変複雑な分野である。しかし本書は専門書ではなく一般読者向けの本であるので、意味論の最低限度必要な考えだけを取り上げる。それは単語が二つの次元をもっている点である。その一つはその単語が指定する物体や現象などであり、もう一つはその単語が言及する考え、感情、連想すること、などといったいわば隠れた次元である。文化、文明を理解する場合、この二つの次元、特に二番目の隠れた次元は大変重要である。

しかしある言語を話す人たちのすべてがこの二つの次元の内容について明確に意識しているとは限らない。とくに外国語から導入された単語にはこの可能性がある。英語その他のヨーロッパ語の訳として日本語に導入された「白人」という単語の場合、日本人はヨーロッパの言語に存在するこの単語の隠れた次元を明確に意識していないという印象を受ける。本書は単語が意味する二つの次元の問題を取り上げ、それが西洋文明にどのように関連しているかについて述べている。

本書を書くにあたり、モンタナ大学人類学科博士課程に在籍するキャサリン・サンダース氏に資料収集を手伝っていただいた。また仲井宏充氏にはゲラに存在していた正しくない日本語や事実のあやまりを指摘していただいた。両氏に感謝の意を表したい。

第一章　黄色になった西洋人

一九九一年に、スウェーデンの政治に注目すべき出来事が起こった。「新民主党」という名の新しい政党が結成され、それからわずか数ヶ月後の秋の選挙で議席を獲得してしまったのである。数多くの小さな政党が乱立するのを避けるため、スウェーデンではある選挙で投票総数の四パーセント以上、またはある特定の選挙区で一二パーセント以上の得票がなければ議会に代議士を送り込めないようになっているが、新民主党はこの条件を簡単に乗り越え、議会の政党としてスウェーデンの有権者に認められてしまった。

それまでのスウェーデンは社会民主党が事実上独裁に近い政治を継続し、高い税金をかけ、政府が個人生活のあらゆる面に介入し、指導し、操作し、国民はそれをありがたく受け入れ、文句を言わずに「ゆりかごから墓場まで」式の生き方をしていた、いわばぬるい湯に入ったような状態であった。このような社会で新しい政党が結成され、その年のうちに議会に議席を得たのであるから、ぬるい湯の中に突然大量の熱湯を注ぎ込まれたような大事件となってしまった。

新民主党は、それまでは政治に縁のなかった二人のカリスマ的な有名人が音頭をとり結成されたもので、一人は貴族の背景を持つヤン・バクトマイスターという実業家、もう一人はバート・カールソンというポピュラー音楽のレコードの製造販売をしていた会社の社長である。新民主党の政策は、それまでスウェーデン国民のほとんどが当たり前のこととして受け入れていた、またはあきらめていた、高い税金を拒否し、大きな政府を拒否し、おせっかいなことをしすぎる地方自治体を拒否し、事実上無制限な移民、難民の受け入れを拒否することであった。そして民間活力を優遇し、社会民主主義を根本的に否定した、より資本主義的な、より自由経済的な社会をつくることを目標にかかげた。

時代の変化を反映したスウェーデン政治の変化

経済の基本として資本主義は認めるものの、それを国が大幅に制限し、規制し、人間行動のあらゆる部分に極度の課税をして社会主義的な政策を実行する、という社会民主主義の政治がスウェーデンで崩壊し始めたのである。しかしこれは世界的に見れば特に異様な現象ではない。すでに一九九一年にはソ連が崩壊し、ヨーロッパの頑固な「左翼的な」知識人たちも転向し始め、ソ連のいいなりにならざるを得なかった東ヨーロッパの旧共産圏の国々も共産主義、社会主義を放棄し始めていた時点での出来事である。

経済学のいわゆるノーベル賞（これはアルフレッド・ノーベルの遺言によって設立されたものではなく、スウェーデン国立銀行によって設立されたノーベルを記念した賞であるので正確に言えばノーベル賞ではない）もフリードリッヒ・ハイエック（一九七四年）やミルトン・フリードマン（一九七六年）といったような共産主義、社会主義を真っ向から拒否する経済学者でもあり政治思想家でもある人々に授与されている。思想史の観点から考えれば、スウェーデンの変容は世界全体の共産主義離れ、社会主義離れの変容を反映したものと見ることができる。

新民主党の出現によってスウェーデンの政治は大きな影響をうけた。新民主党は穏健党、国民党、中央党、キリスト教民主党といった反社会主義の政党を支持し、それまで政権を保持してきた社会民主党主導の内閣を退陣させ、穏健党を主軸とした新政権の発足を手助けする結果となった。その後新民主党は党の牽引役を果たしていた二人組の間で意見が対立し始め、党を立て直すことができず、三年後の一九九四年の総選挙では四パーセントまたは一二パーセントという最低限度の得票を得られず、議会から消えてなくなり、その後は政党活動も立ち消えとなってしまった。

移民、難民の無制限な受け入れを拒否する、という政策もヨーロッパ全体の風潮から容易に理解できる。ヨーロッパの国はどこでもこの問題で一様に悩まされており、人種差別反対、自由、平等、民主主義、といった価値観の理想と、犯罪、宗教的、人種的な対立、失業者の増加、といった現実に直面している。移民、難民の受け入れに反対するのは単に「人種主義である」とか「ポピュリズムである」と非難するだけで解決できる問題ではない。ヨーロッパに住んでいて現実に殺人、強姦、麻薬、窃盗といった各種の犯罪、失業者の氾濫、テロリズム、などの出来事に移民、難民がしばしば関連しているのを見れば、そのような人たちに来てもらいたくない、という反応になるのは至極簡単に理解できる。これは人種や宗教による差別などといった問題以前の、危険のない安全な社会に住みたいという、ごく自然な願望の表現であると解釈するのが最も適切であろう。その意味では移民、難民の受け入れ反対、という政策も思想史の観点から理解できる。

黄色の顔をした男が党のシンボル

以上の二点、つまり社会民主主義の拒否、移民、難民の受け入れ拒否、という二点のほかに新民主党が示した大変興味のある現象がある。それはスウェーデン人の皮膚と髪の色についての意識である。新民主党は党のシンボルとして童顔をした男の顔を用い、花や文字を用いた他の党とは一風変わった党風を示した。

ところがよく見ると、この男は明らかに黄色の肌をしており、しかも髪の色は黒である。一九六〇年代の労働力不足のための移民受け入れ以前、そして一九七〇年代以来の難民受け入れ以前のスウェーデンでも、少数ではあったが黒い髪のスウェーデン人は存在していた。しかし国全体の意識からすれば、ほとんどのスウェーデン人はブロンドから明るい茶色から濃い茶色の髪の色をしていると考えている。この意識は二一世紀始めの現在でもほとんど同じである。黄色い皮膚に至っては、それまでのスウェーデン人の常識から考えれば、更に異様である。人種主義支配の西洋文明圏にあり、ナチスに共感し同調した人間も数多く存在したスウェーデンではそれまで考えることさえできなかった現象である。

念のために明記しておくが、新民主党は移民、難民の無制限な受け入れに反対の政党ではあるが絶対に人種主義の政党ではない。党員はそのほとんどがスウェーデン生まれのスウェーデン人で、ごく少数のスウェーデン生まれのフィンランド人も党員であった。従って新民主党は「黄色い肌、黒い髪」の人間たちのための党でもなければ、そのような人間たちを排斥し、スウェーデンから追放しよう、という党でもない。新民主党はスウェーデン生まれのスウェーデン人全体のための党として結党されたのである。そのような党がなぜ「黄色い肌、黒い髪」の童顔の男の顔を党のシンボルとして用い、しかも選挙に成功したのであろうか。

一九九一年から一九九四年まで、つまり新民主党がスウェーデンで議会に議席を持った党として活動し、政権を握っていた穏健党を直接間接に支持し、政策実行にも少なからず貢献した期間、筆者は毎日スウェーデンのテレビを見たりスウェーデンの新聞を読んでいたが、マス・メディアがこの「黄色い肌、黒い髪」の現象に言及したことは一度もなかったと断言できる。新民主党について筆者はスウェーデン人の友人、知人とスウェーデン語で何回となく話し合い、議論したが、これらのスウェーデン人たちは一度もこのことについて発言したことがなかった。全く違和感を持たなかったのである。なぜなのだろうか。（実は筆者も当時この点に全く気がつかないでいた。これに初めて気がついたのは議席を失ってから一〇年ほど経った後のことである。）

ヨーロッパ人は自分たちの皮膚は黄色いと理解し始めた

もし新民主党のシンボルがちぢれ毛をした、濃い茶色または黒色の肌をした童顔の男の顔であったならば、スウェーデンの有権者はなぜだろうか、どうしてだろうかと反応し、なぜこれが党のシンボルなのか、という疑問が党本部に殺到したものと考えられる。これは人種的偏見とか人種差別などということには全く無関係な問題で、スウェーデン社会の現実を反映しない、童話のような非現実的な印象を与えるためである。実際に起こった出来事ではなく、想定、仮定の結果を推定するのはあまり意味がないが、これはスウェーデン社会を長年観察してきた筆者の判断である。

一見アフリカ系と思われる童顔の男の顔なら違和感に気がつくと推定されるが、「黄色い肌、黒い髪」であれば違和感を感じない、という反応からさらに推定できることは、スウェーデン人が黄色い肌をしていても少しもおかしくない、自然である、と反応したため、というのが考えられる解釈である。すでに述べたように、少数ではあるが一九六〇年代に始まった大規模な移民、難民の受け入れ以前のスウェーデンにも黒い髪の住民は存在し、ノルウエーではその比率はスウェーデンより高い。（付け加えておくと、このような黒い髪の北欧人はほとんどといってよいほど青、灰色、または緑色の目をしており、大体において平均的北欧人の皮膚の色をし、特に色素の多い肌色をしているわけではない。）従って黒い髪でも少しも違和感を感じなかったものと思われる。

この現象に気がついた筆者は北欧のマス・メディアに描写される北欧人の皮膚の色を調べてみた。その結果わかったのは、皮膚を白く表現しているものは新聞などのように黒と白の二色しか使用できない場合を除けばまず絶対にないことである。スウェーデン人の感覚では、白い皮膚というのは病的で不健康という印象を与え異常であるから、そのような表現を避けるのは当然のものと考えられる。これは商品の売上を増すための広告であればなおさらである。

新聞、雑誌に見られる色のついた広告や挿絵、テレビのアニメ式の表現を見ると、血色のよい、赤みがかった肌色や薄茶色、場合によっては濃くはないがかなりはっきりした茶色の肌が比較的多く見られる。それと同時に、北欧人を対象とし、北欧人を描写している広告でもはっきりとした黄色の肌も散見される。例えば、デンマークにあるレゴランドという名の、有名なプラスチックの積み木を用いたテーマ・パークの広告にはプラスチックの人形が描かれているが肌の色はすべて黄色である。これらの人形の髪の色は黒、赤、ブロンド、茶色、となっており、これはすべて北欧人を描写していることに間違いない。

広告の目的は読者、視聴者の興味を惹き、広告されている商品なり業務なりに興味をもたせ、お金を払ってそれを手に入れさせることである。この明確な原則のためにコピーライター、イラストレーター、デザイナーといった人たちは社会の反応に人一倍注意深く敏感である。敵意や不快感をもたれることは絶対に避けなければならない。この事実を考慮に入れれば、北欧人の肌の色を黄色に表現するのは北欧人にとって不快であるどころか、好意的、現実的、描写的な広告であるという印象を与えるという解釈をしてもまず間違いない。

シンプソン一家

スウェーデンに新民主党が出現し、議会で政治活動をするようになったのとほぼ同じ時点に、アメリカにも大変興味深い現象が現れた。一九八九年一二月一七日に『ザ・シンプソンズ（シンプソン一家）』という題名のアニメのシリーズがフォックス・ネットワークという有力なテレビ番組の配布組織を通じて全アメリカのテレビで放映され始めた。これはアメリカのどこにでもあるような、スプリングフィールドと呼ばれる小さな町に住む、シンプソンという姓の一家が毎日体験する出来事を扱ったものである。ごく当たり前のアメリカ人一家が毎日体験する出来事を扱ったテレビ番組は珍しくない。この種の番組はすでにテレビが放送され始めた最初の時点から人間が演じたものもアニメのものも数多く制作されている。

ところがこの珍しくもない企画である『ザ・シンプソンズ』は大成功となり、週刊誌『タイム』の二〇〇六年七月三日号はこれを「今世紀最良のテレビのシリーズ番組」と高く評価している。そして『ザ・シンプソンズ』はアメリカで最も長期間にわたって放映されたアニメとなり、二〇〇七年七月二七日には映画として上映されることになった。シンプソン一家の毎日の出来事は時には大事件になったり、予期できない結果になったり、ということで確かにおもしろいと言えば言えないこともない。しかしなぜ大成功のアニメになってしまったのか筆者には理解できない。

なによりも筆者の注目をひいたのは登場人物の肌の色である。シンプソン一家の人物はすべて明らかに黄色の肌をしている。それどころかスプリングフィールドの住人の大多数も全く同じ黄色の肌の色をしている。黄色の肌の色をしていない人間は濃い茶色の肌をしており、この二種類の色以外の肌の色をした人間はスプリングフィールドには存在しない。シリーズのあるエピソードではすでに死亡したアメリカ人が登場するが、彼らの肌はシンプソン一家のように明らかな黄色ではなく白っぽくなった色をしている。別のエピソードではシンプソン一家は日本に行くが、ここに現われる日本人の肌は黄色ではなく、ほとんど白に近いごくうすい灰色である。

『ザ・シンプソンズ』に登場する人物の肌の色を見て不思議に思ったアメリカ人もいたようで、このシリーズに登場する人物はメキシコ人なのである、という説明も流布したようである。しかしシリーズ全体のエピソード、数々の事件の内容、この小さな町の状態、などからみてスプリングフィールドはごく典型的なヨーロッパ系アメリカ人主流の町でそこに少数のアフリカ系の人々が住んでいる、という筋書きであることに間違いない。『ザ・シンプソンズ』を制作しているマット・グローニングによれば、「肌の色を黄色にしたらどうだろう、それはいい、それでいこう」と簡単に決まってしまったそうで、それ以外の説明は少なくともインターネット上のサイトなどからは得ることができない。したがって何故黄色になったのか詳しいことは不明である。

時代の変化を反映したアメリカ社会の意識変化

これら一連の現象に興味をもった筆者は、アメリカで人種の肌の色がどのように表現されているか新聞、雑誌の広告、テレビのアニメなどに注目してみた。一九六〇年代にアメリカでアフリカ系住民の公民権運動が盛んになり、それがかなり成功した結果、アメリカ製のアニメでは他の人種と共にほとんど必ずアフリカ系が現われる。そして言葉の上ではアフリカ系は「ニグロ」という表現を嫌い、自分たちを「ブラック」と呼び、他の人種たちもそう呼んでいる。ところがアニメの中のアフリカ系アメリカ人は実際には黒い肌ではない。必ずと言って間違いないほど彼らの肌は濃くも薄くもない中間色の茶色である。つまり「黒」ではない。

公民権運動以前のアメリカ、つまり南部で人種の隔離が公衆便所、バスの待合所、バスの中、学校などで公に実行されていた時代のアメリカの南部では、南部の文化を紹介する絵はがきを観光客のために売っていた。その中の一つに、子供のように嬉しそうな顔をしたアフリカ系住民が大きな口をあけて西瓜を食べている、というものがしばしば見うけられた。この人間の顔は完全に真っ黒、つまり黒そのもので、真っ赤な色をした西瓜と極端な色の対照をすることによって見た人を笑わせる、というのがこの絵はがきのミソである。それを見て喜んだ観光客に一枚、または数枚買わせて友人、知人に送らせよう、というのがこの絵葉書にひそんでいる商魂であった。

ここには「南部では人種は隔離されているが、アフリカ系の住民は幸福で満足した生活を楽しんでいる、異なった人種がそれぞれ別々の世界に住んでいても別に悪いことではないのだ」というメッセージ、そして「アフリカ系の人間は単純で子供っぽい」という昔からのステレオタイプの二つが表現されていた。実は日本でもほぼ同様な現象が見られたのを記憶している読者がおられるかもしれない。以前有名な乳酸菌飲料が「初恋の味」という宣伝文句で売られていたが、この宣伝文句と対になっていた広告の絵は黒そのものの真っ黒な顔をし、真っ赤な唇をしたアフリカ人が嬉しそうにこの商品を飲んでいる、というものであった。

このような過去と異なり、現在広告やアニメに現われるアフリカ人はほとんど必ず茶色である。自ら「ブラック」と称し、他の人種にも「ニグロ」ではなく「ブラック」と呼べ、と言っているアフリカ人は実際には黒ではなく茶色に表現される世の中になっている。これもヨーロッパ系の人間の肌を黄色に表現する現象と共に、時代の変化を示すものとして考察されるべきである。

パジャマを着たバナナたち

オーストラリア放送協会、略してABCは、子供向けの『バナナス・イン・パジャマス』つまり『パジャマを着たバナナたち』という番組を制作し放映している。これはオーストラリアではよく知られた人気番組で、二〇〇〇年にシドニーで開かれたオリンピックでは『バナナス・イン・パジャマス』も開会式に参加し入場行進をした。現在ではヨーロッパでもやはり子供向けの番組として放映されている。これはアニメではなく、ぬいぐるみを着た人間が演じている。その名のとおり、手足の生えたバナナが人間のようにパジャマを着ていて、毎回いろいろの出来事をおもしろおかしく体験するというものである。共演者は人間ではなくいろいろな動物であるが、やはり事実上人間のように考え行動する。バナナは実際には二人組で、バナナ一、バナナ二、と呼ばれている。このバナナ二人組はその約三分の一が顔となっていてそこに目鼻と口がついている。のこりはパジャマを着た身体である。

つまりバナナとは言っても、視聴する子供たちはバナナ二人組も共演する動物たちも事実上人間として感じとっているわけである。ここで注目すべき点は、これまでに述べた例とまったく同じように、黄色の顔をした二人組が登場しているのはおかしい、と言われないことである。最近のオーストラリアは人口学的にはかなり多人種、多民族国家になってはいるが、それでも大多数はヨーロッパ系である。そのような国でこのような番組が制作され、子供たちに人気を博しているのも時代の変化を感じさせられる。

素朴な疑問

以上の点を総合的に考えてみると、いくつかの疑問が浮かび上がってくる。一九世紀末頃からヨーロッパで、そして二〇世紀になってアメリカで騒がれ始めたいわゆる「黄禍論」の主張によればヨーロッパ人の肌は「白く」、日本人のような東アジア人の肌は「黄色い」とのことであった。ところが一九九〇年頃からのスウェーデンとアメリカの文化にはヨーロッパ人の肌は「黄色い」という解釈が現われ始めたのである。その理由はどこにあるのだろうか。

スウェーデンの新民主党のシンボルの場合、スウェーデン人は、童顔の男の顔の色が黄色いのはおかしい、スウェーデンの政党のシンボルとしてそぐわない、適切ではない、などとは言わなかった。少なくともマス・メディアなどで取り上げられたことは一度もなかったと断言できる。その政党が一九九一年から一九九四年までの三年間、実質的にスウェーデンの政治に大きな影響力を及ぼしたが、スウェーデン人は誰一人としてよその人種によってスウェーデンが操作されている、などとは言わなかった。

シンプソン一家のアニメはアメリカで大成功し、その影響力は絶大なものがある。現在では黄色い肌のシンプソン人形その他の商品さえ売られている。ということはアメリカの一般大衆、特に多数派であるヨーロッパ系のアメリカ人が、シンプソン一家を自分たちの町の中の一家、自分たちとおなじような一家、と見なし、毎回のエピソードを見て喜んだり悲しんだりしている。黄色い肌をしたシンプソン一家の人間たちをヨーロッパ系アメリカ人一家が自分たちそのものであると見なしている。誰がどう考えてもシンプソン一家はヨーロッパ系アメリカ人一家であり、現在ではこれに疑問を抱くものはいない。客観的に見れば、世の中に「白い」肌の人など存在しないから、これはアメリカ人の観察力が進歩してきた、とも表現できる。

アフリカ系アメリカ人の肌の色についても認識が変わってきている。アフリカ系の人々の顔の色はほとんどの場合濃い茶色で、「ブラック」という形容詞を用いて描写するのが通常となっている現在のアメリカで、本当に「黒い」顔色をした人など存在しない、と言ってよい。そして他のすべての人種の場合とまったく同じように、アフリカ系の人の身体でも、通常太陽の紫外線の影響を受けていない、衣服に覆われている部分は、顔や腕のように通常露出されている部分よりは色素が少ない。濃い茶色の顔色をしている人でも身体の他の部分はそれより淡い茶色の肌をしている。従ってアフリカ系の人を黒ではなく、いろいろなニュアンスの茶色で描写するのは当然で現実的である。公民権運動以前の南部の絵はがきとは異なり、広告やアニメでアフリカ系の人々の肌の色を茶色にするのはより客観的な描写になってきた、と言える。

人種を色で描写するのは文明史、思想史の問題

これらの考察から一つの仮説を導き出すことができる。明記しておくが、これは絶対的なものではなく、いわば西洋を観察し主観的に感じ取られた印象を要約したものにすぎない。従って誤りである可能性も大いにあることは認めておかなければならない。仮説とは次のようなものであ

る。一九九〇年頃から西洋文明は大きな変化を見せ始めた。第一に、ソ連の崩壊のために始まった共産主義離れ、社会主義離れ、そして第二に、啓蒙思想を理想主義的に実行した結果の失敗としてヨーロッパに大々的に広まった移民、難民受け入れ反対の思想と運動、という二つの現象と共に観察される第三番目の現象がある。それは人種を狂信的、ドグマ的に色で表現するそれまでの西洋文明に変化が現われ始めた、という現象である。この三番目の現象が仮説の対象である。つまり西洋文明は一九九〇年頃から人種を色で表現するという、人種主義にもとづいたそれまでのドグマに変化を見せ始めた、という仮説である。

これは別の表現をすれば文明史、思想史、の問題であり、認知心理学の問題でもある。つまり物理や科学の法則とは異なり、人種を色で表現するのは実は西洋文明の思想的産物であり、西洋文明のどの時点を眺めるかによって結果が変わってくる、という問題である。本書は第二章以後、この問題を取り上げ考察してみる。

第二章　文明はなぜエゴイズムになるのか

文明とは大変複雑な文化であると定義できる。現在では文化は人間だけではなく、チンパンジーはもちろんのこと、日本猿などの霊長類、さらには鳥類などにも存在すると認められてきているが、本書では紙面の都合上一応人間の文化に限定して考察することにする。しかしそれでもこの時点で明確にしておかなければならないことがある。それは人間が動物であり霊長類の種である、という点である。人類は哺乳類に属し更に詳しく分類すると最も進化した霊長類の一種である。この生物学的な進化の歴史を持っているために我々は爬虫類、そして我々より原始的な哺乳類と同様に、生きるための基本的な課題を負わされて生きている。これを無視しては社会、文化、文明は理解できない。

それではこれが文化の形成、そしてそれが複雑になった文明とどのような係わり合いがあるのであろうか。長くなる学術的議論はすべて省略して結論だけ述べると、三つの要点にまとめることができる。その三つの要点とは（一）動物は環境を操作する、（二）操作するのは原則的には個体である、（三）この傾向は進化した動物ほど明確になり強力になる、という点である。

人間の場合にはこの三つの特徴は極端と言っても言いすぎでないほど明白である。人類の歴史、人類の文明史とは環境操作の歴史であり、それがより強力になっていった歴史と言って間違いない。そしてこの結果が現在我々が直面している環境汚染、環境破壊である。生物進化の最も皮肉な点は、ほとんどの生物にとって環境を操作することはその種の生存に役立ってきたが、人間の場合には環境操作があまりにも強力で効果的になってしまったために逆に人類の生存の危機を作り出してしまった事である。

文化を作り出す操作動機

動物が環境を操作することは動物学、霊長類学、心理学でよく知られており、これを説明する手段として「操作動機」という概念が用いられている。ここで「動機」とは、より一般的な表現を用いれば「本能」と言ってよい。「操作動機」とは生物が身の回りを操作しようとする生まれつきの強い傾向と表現できる。これは将来ＤＮＡの研究でより明らかになるであろう。そして操作動機は動物の進化の程度と関連している。

人間の場合、手、足、その他身体の一部を使用して身の回りを直接操作するのは勿論であるが、道具や機械を用いて間接的にも操作をする。そして文化、文明の進化と発展の観点からみると、道具や機械などの手段を用いた環境操作のほうがはるかに重要である。人間と環境との関係にはありとあらゆる種類の状態があり、木の実を採集したり、住居を作ったり、絵を描いたり、といった平和な現象から殴り合いの喧嘩をしたり、他国を侵略したり、核兵器を使用したり、といった現象も含まれる。

文化とは環境操作をすること

現在では「文化」という単語はほとんど誰でも知っている表現であるため、我々はよく考えずに安易に使用する傾向がある。しかも「文化」は宗教学、哲学、歴史学、社会学、人類学、心理学などの学術分野で使用されているばかりでなく、新聞、テレビ、雑誌などでも頻繁に用いられる日常用語である。その意味も必ずしも同じではない。本書では動物とその環境との関係を取り上げてきたが、筆者はこれこそが文化と呼ばれる現象の出発点であると考える。つまり文化とは、動物がその環境を生存に好ましい方向に操作する行動から始まったものと見なすことができる。

この考え方には三つの意味合いがある。第一に、文化の出発点は集団ではなく個体である。第二に、文化は生物学的現象である。そして第三に、文化は人間以外の動物にも存在する現象である。現実には人間でもチンパンジーでも原則的には孤立して生きているわけではなく、集団で生存している。集団で生存している動物は似たような環境に囲まれており、その環境をより好ましくする方法や解決策は同じようなものになる可能性が高い。つまりある特定の環境を生存に好ましい形にする方法と解決策を複数の動物が共有しているのが文化である。

文化は主観的で自己中心的

簡単な文化か文明かの相違にかかわらず、すべての人間について言える普遍的な事実がある。まず一人の人間が存在し、環境に直面している。それは気象条件、動植物、地理的環境などの自然環境でもあり、他の人間たちからなる社会環境でもある。この広い意味での環境が一人の人間の操作動機の対象となる。そして自らの生存に有利になるように環境を操作しようとするのが人間である。これは人間を利己主義的に解釈したもので、世の中には自らを犠牲にして他人の生命を救う、といった愛他的現象もある、などといった反論もありうる。しかし統計的に考えた場合、やはりこれが一人の人間が生きる原則であり、生物学者リチャード・ドーキンズの主張するように、愛他的現象もＤＮＡの維持という観点から考えればやはり利己主義的であるとも言える。

通常人間は一人で孤立して生きてはいない。家族、部落、市町村、国、などの形で他人と共に生きている。そしてこれらの他人は自分自身と同様な環境に直面している可能性が高い。このように複数の人間が共通の環境に対処するために共通の方法を用いるのが文化であるため、文化というものはその性質上主観的であり、自己中心的である。文明はこの特徴をそっくりそのまま維持している。

技術は両刃の刃

人間と環境との関係には二種類ある。第一に、人間は自分の手や足を用いて環境の操作を試みることができる。この場合、人間の身体が環境に直接接触するわけである。第二に、人間は手や足で直接環境を操作せずに、道具や機械を用いて間接的に操作を試みることができる。この場合、人間と環境との間に道具や機械が存在する。この方法を用いることによって、人間の環境操作はより強力で効果的になる。これが技術と呼ばれるものの原則である。技術は環境操作を効果的にする手段で、これによって人間の手足を補足し拡張し拡大する結果をもたらす。別の表現をすれば、技術は操作動機の実行をより効果的にするものである。

動物としての人間が生き残るには、技術は大いに役に立ちすばらしい。すべての動物が直面する過酷な生存競争に打ち勝つには効果的な環境操作が不可欠である。人間は技術という手段を用いて素手では人間よりはるかに強力な動物さえも征服することができた。人類が発生した最も初期の段階では生活基盤は狩猟と採集であった。そして簡単ではあったものの、技術はこのような生活に大いに役立った。しかし文化が次第に複雑になり、文明が生まれると、技術の好ましくない面も次第に明らかになった。

問題点は二つある。第一に、技術は操作しようとする対象物が何であるかに関係なしに、目的を選ばずに使用することが可能であり、事実そうなってしまう。弓矢や鉄砲は獲物をとるのに役立つが、全く同じ弓矢や鉄砲も自分の気に入らない人間を殺すのに使用できる。いくら気に入らないといっても人間ならば同じ種の動物である。同じ種の動物を殺すのは建設的であるとは言えない。武器や兵器以外にも、技術の進歩が人類の平和的繁栄に役立たないどころか、逆に人類の生存を脅かすようになってきている。オゾン層の破壊はよい例であるが、それ以外にもＤＤＴ、ダイオキシン、カドミウムなどの物質による環境汚染、自動車が排出する排気ガスによる空気の汚染など誰もが知っている例である。

問題点の第二は、文化が複雑になり、文明が発達するのに相応してこの技術乱用の可能性も重大で深刻になる、という事実である。武器が弓矢から鉄砲、機関銃、爆弾、核兵器と強力で効果的になるにつれて、その乱用による問題もより一層深刻になってしまった。残念ながらこれが人類の歴史、文明の歴史である。一六世紀以来、ヨーロッパ人はヨーロッパ以外の世界各地に進出し、武器を先住民に向けて使用し、虐殺し、土地を奪い取り植民地としたが、それは先住民の武器よりも効果的で強力な武器、つまりより優れた軍事力によるものであった。そして二一世紀の世界でも、できるだけ効果的で強力な軍事力を保持することは、西洋文明を維持し拡大するために不可欠な条件であるのは軍事専門家の常識である。

人間の多様性

人間が強力な操作動機を持ち、これによって環境を操作し文化文明を作り上げ、それがあまりにも効果的になってしまったために人類の生存に役立つどころか、逆に人類を滅亡に導く危険性までもたらしてしまった。これは人類が霊長類の動物であるという生物学的事実によるものである。これだけでも重大問題であるのに、これを更に複雑にするもう一つの生物学的問題がある。それは我々の多様性である。

すべての生物の種は多様性の特徴を内蔵している。霊長類の種として人類も例外でなく、我々は種としての統一性を維持している反面、その統一性の中での多様性という現象も維持している。

この一見矛盾した事実は生物の種が絶滅せずに生き残ってゆくための基本原則である。統一性をもっているために種としての特徴が維持される。しかし統一性が極端であるとその種に属するすべての個体は大変似たものになってしまう。この状態の種は環境が変化した場合それに対応できず、絶滅してしまう。これは生物進化の歴史で繰り返し繰り返し起こった現象である。パンダやトキなどは多様性がないために生き残りがむずかしくなってしまったよい例である。この統一性と多様性は生物の世界の宿命であり、この矛盾した二つの条件のバランスをとりながらすべての種が生きているわけである。

文化というものの一般的な観点から、そして特に文明の観点から考えると、人間の多様性には三種類が認められる。それは（一）生物的な多様性、（二）心理的な多様性、（三）文化的な多様性、である。生物的な多様性とは年齢、性別、民族、人種、などの相違、身長、体重などの相違、更には内分泌の状態、伝達物質、クロモソムの数、などの相違も含む。心理的な相違は我々が考え、反応する場合の相違であり、文化的な相違は異なった文化、文明の間の相違は勿論であるが、そのほかに下位文化、対抗文化など、一つの文明の中に共存する異なった文化の間の相違も含まれる。しかしこれらの多様性は文明の中では無視されてしまう傾向が非常に強い。この点は次の第三章で取り上げられる。

文明の基本はエゴイズム

以上の簡単な説明から推測できるように、文化、文明というものは個人がその環境に対処することから発生する性質のものであるため、原則的には主観的である。文化、文明が主観的であるということは他の文化や文明のことは二の次にしたり無視したりすることにもなりかねない。事実これが通常観察される現象である。文化、文明の対立、異なった宗教の間や、異なった人種や民族の間の争いは毎日のマス・メディアを見れば誰にでも簡単に理解できるほどこの問題を明確に示している。しかも問題はこれだけではない。多くの場合、できることならその操作をできるだけ強力にし、しかも操作の範囲を拡大しようとするのは誠に自然な成り行きである。これでは文化、文明間の衝突や葛藤が起こるのは当たり前である。

このようなエゴイズムは多かれ少なかれどの文化、文明にも見られることである。その極端な場合には俗にパックス何々と呼ばれる形式に発展してしまう。一番よく知られているのは、そしておそらくこの表現が最初に用いられたのはパックス・ロマーナであろう。しかしその他にもパックス・シニカ、パックス・タタリカ、パックス・モンゴリカ、パックス・アメリカーナなどがある。パックスというのはラテン語で「平和」という意味で、その後につけられたラテン語の形容詞は独善的に自分たちのやり方を他の文化、文明に押しつける、迷惑文化、迷惑文明を指している。ここに挙げた例ではローマ帝国（ロマーナ）、中国（シニカ）、タタール文化（タタリカ）、モンゴル文明（モンゴリカ）、アメリカ（アメリカーナ）、が迷惑文化、迷惑文明である。

ここで特に注意しなければならないのは、「パックス」というのは意味深長なもので、日本語などに翻訳した場合の「平和」ではない。後に迷惑文化、迷惑文明の形容詞のついた場合の「パックス」というのはそのような迷惑文化、迷惑文明が他の文化、文明に配慮などせず、勝手に自分たちの考え方、やり方、判断、主張を押しつけ、それに反対することは一切認めないため、他の弱小文化、弱小文明がそれに抵抗できず、あきらめてしまい、押しつけられたことを不承不承うけいれてしまうために発生する平和、という意味である。つまり異なる文化、文明が意見を交換しあい、御互いの意見を尊重し、評価しあい、熟考した結果、ある結論に合意し、それをこれらの文化、文明が遵守して生ずる平和などというものではない。反対できないため、そして反逆すれば罰せられるため、あきらめて強力な迷惑文化、迷惑文明の言いなりになる、というのがこの場合の「パックス」なのである。

迷惑文化、迷惑文明の例

具体的な例をあげれば誰にも簡単に理解できる。中国は軍事力をもって新疆を占領し、ウイグル人に中国の支配を強制し、中国から分離し独立しようとするウイグル人たちを拷問にかけたり「テロリスト」として処刑をしている。チベットを侵略し、占拠し、ラマ僧を処刑したりチベット人に中国式共産主義の洗脳教育を強制したり、などというよく知られた事実はパックス・シニカそのものである。抵抗できないウイグル人やチベット人は亡命するかあきらめて生きてゆくしかない。

モンゴル帝国を形成したモンゴル人は侵略する際、抵抗しなければ許してやるが抵抗すれば容赦なく殺す、と常に前もって宣言してから侵略し、占領し、モンゴルの領地としていた。モンゴル占領に同意して生き延びるか、またはそれに反対して虐殺されるか、の二つの選択肢しか存在しなかった。ロシア人は長い間タタール人の侵略と略奪にいじめられていたが、タタール人はロシア人の土地を占領したかったのではなく、ロシア人の大公たちから貢物を贈らせるのが目的であった。従って奪い取るものさえ手に入れれば再び東の草原に戻って行ったのである。

このように迷惑文化、迷惑文明の根底にあるものは有無を言わせない力の誇示であり、それは強力な軍事力によって支えられている。これは土地の強奪については特に明白で、西洋文明の南北中央アメリカ、アフリカ、アジア、オセアニアの侵略と占領の場合、土地を奪い取ってしまえばこっちのもの、理屈も道理もどこ吹く風、と知らん顔をしてしまう。現在の西洋文明のタテマエは自由、平等、民主主義であるから、このタテマエで判断すれば過去の侵略と植民地化は正しくなく、恥ずべき行為である。しかし現在の西洋文明はそのようなことは無視してしまう。

これはロシア人のシベリアやカムチャッカの原住民を無視した占領とそのロシア領としての管理、フィンランドのカレリア地方や日本の北方領土の占拠についてもまったく同じことである。ロシアのプーチン大統領は二〇〇七年六月一日に記者会見をし、大統領府は六月四日にその内容を公表した。それによるとロシアが北方領土を占拠しているのは「第二次大戦の結果であり、議論の余地はない」とのことである。つまりロシアがどさくさ紛れに取ってしまったものだ、つべこべ言うな、という内容である。昔から戦争に勝つことは奪うことであり、それはほとんどの場合土地を奪うことを意味した。ヨーロッパの歴史とは土地を奪ったり奪われたりの歴史と言ってもそれほど間違っていない。

相手を見てから迷惑文化、迷惑文明を押しつける

ある迷惑文化、迷惑文明が他の文化、文明に自分たちの考えを押しつけると言っても、それは単に盲目的にどの文化、どの文明にも無差別に実行するわけではない。中国人の歴史的心理から見れば、日本は他の東アジアの国同様、常に野蛮国、未開国、後進国であり、中国文明圏内の小

国で、いわば文明的属国である。このような劣った国が中国を侵略したことはどう考えても絶対に許せない。したがってあらゆる機会をとらえて日本を攻撃し、中国の歴史的な優越性を意識し、中国の言うことを聞け、日本は中国に逆らうな、と主張する。

首相の靖国神社参拝は最良の例であり、これこそ日本攻撃の絶好の材料である。中国人の眼から見ると、これは日本の中国侵略そのものを象徴している。中国文明圏内の未開国、後進国が中国という偉大な国を攻撃した過去は許せない、日本の首相は中国の言いなりに行動しろ、靖国神社も中国の言いなりに改めろ、というわけである。誤解を避けるために記しておくが、筆者は日本の首相が靖国神社に参拝するのは良いとか悪いとか言っているのではない。その問題はここでは取り上げておらず、無関係である。筆者が言いたいのは、中国が日本という相手を見た上で中国の考えを押しつけようとする点を指摘しているだけである。

同じ中国でも相手次第で態度ががらりと変わる。中国を侵略した国は日本だけではない。イギリスは中国との大幅な貿易赤字を解消するために中国にアヘンを売りつけ、これに中国が反発したために二度にわたるアヘン戦争となり、一八三九年から四二年までの第一次アヘン戦争の結果、香港はイギリス領にされてしまった。日本をあれだけ非難する中国はこの屈辱的な出来事に対しイギリスを絶対に非難しない。理由は二つ考えられる。第一に、中国人の観点からすれば、イギリスは中国文明圏内の小国ではなく、「大英帝国」なるものを築き上げた大国である。（少なくとも中国人の眼にはそのように見える。）そして第二に、イギリスは西洋文明というまったく別の文明に属し強力な軍事力もある。これなら一目おかなければならず、イギリスに対する国際行動に中国は注意しなければならない。

西洋にはパックス・シニカは押しつけない

この心理の結果、中国のイギリスに対する態度は日本に対する態度とは全く別のものになる。歴史的に見ると、キリスト教は旧教、新教のどちらも西洋の侵略と植民地化に積極的に協力してきた。アヘン戦争に直接関わり、中国を侵略したイギリス人たちはイギリス国教の教会墓地に埋葬されている。しかしイギリスの国王、女王、首相がイギリス国教教会に行き、キリスト教の儀式に参加しても中国は何も言わない。客観的に見れば、埋葬されているイギリス人たちは「平和に反する罪」と「人道に反する罪」を犯した「戦争犯罪人」である。にもかかわらず、靖国神社の場合とは違って、これについては沈黙している。日本に対する態度とは全く異なる態度を示すという二枚舌を使うわけである。一八五六年から六〇年の第二次アヘン戦争ではフランスも参加し、イギリスと共謀して中国を侵略しようとした。しかし中国はフランスについても沈黙している。日本と違い、西洋は特別なのである。

中国では国をあげて「南京大虐殺」について日本を非難する。しかし同じ南京では一八四二年に香港島をイギリスに割譲するという屈辱的な南京条約が結ばれているが、これに対しては無言である。一九〇〇年に起こった義和団事件は侵略主義、植民主義に反発した中国農民の間から始まった抵抗運動で、反キリスト教の思想も強く含まれたものであった。攻撃の対象国はイギリス、ロシア、ドイツ、フランス、アメリカ、イタリア、オーストリア・ハンガリー帝国、そして日本であった。これがもし日本だけだったのであれば、現在の中国は事件を大々的に取り上げて日本を盛んに攻撃し非難するであろう。しかし欧米七ヶ国も含まれていれば欧米に一目おいてあまり騒がないほうが得策である。したがって中国は義和団事件については沈黙している。

他の国を非難する場合には、国内で当然非難されるべき問題には一切ふれないで沈黙しておくのが得策である。したがって中国は毛沢東の共産主義によって殺された中国人については全く語らない。語ってはいけないのである。毛沢東の農業政策の失敗によって餓死したとされる二七〇〇万、三八〇〇万、四〇〇〇万などと推定される中国人を含め、中国での共産主義の犠牲者は合計七七〇〇万人という推定数さえあるくらいで、これは勿論ソ連やナチスの犠牲者の推定数よりはるかに多く、あきらかに「人道に反する罪」である。

筆者が常におかしいと感じるのは中国という国の呼び方である。戦前、戦時中の日本で広く一般的に用いられていた表現は「支那（シナ）」であった。戦後の日本ではこれは侮辱的な表現であるとのことで、「中国」という表現を用いることが国家的に指導され、現在に至っている。中国語で日本のことを指すのに「倭」というのは侮辱用語であるそうで、現在の中国ではこの表現は原則として用いず、反日のデモの時にだけ用いられている。お互いに侮辱用語を用いないのは結構なことである。

しかし日本に圧力をかけて表現を改めさせた中国は、西洋の国々に対しては無言である。ご存知のように、ヨーロッパの各言語では「シナ」と同じ語源からきている表現を用いていて、例えば英語では「チャイナ」であり、スウェーデン語ではそのものずばり、「シーナ」である。筆者の知る限りではヨーロッパの言語ではすべて同様である。なぜ日本には「シナ」という表現を追放させておきながら、西洋諸国には昔ながらの表現方法を容認しているのであろうか。これはやはり日本が中国文明圏の範囲内の国であるから中国の言うことに従え、しかし西洋は別の文明なのだからその必要はない、という思想のためであるとしか思えない。

第三章　西洋文明のエゴイズム

ある特定の文化を、とくに文化が複雑になり文明となった場合を調べてみると、その内部の人々は全く同じようには考えない。人間は多様であるという生物学的事実のおかげで、社会の中に存在するある特定の問題について、人々の反応はいろいろである可能性があり、事実意見の多様性は常に観察される。極端な言論の制限をされていたソ連でも、国、政治、政府に反対の意見をいだいていた者は常に存在していた。しかし一つの文化や文明を効果的に維持してゆくためには、人々の多様性をそっくりそのまま反映させては非能率的である。従ってこの問題を国という単位でながめた場合、表向きにはどうであっても、口先ではどう言っていても、どの国でもなんらかの形で多様性を制限し、多様性を無視して国を維持している。

全体主義の国家の場合、これは誰にも容易に理解できるが、「民主主義」をうたう国、「自由」

である、と主張する国でも程度の違いはあるが、この現実は例外なく観察できる。「民主主義」であると主張する国では、すべての有権者に選挙への参加を認め、投票させれば「民主主義」であると信じているが、現実には何らかの形で多様性を無視する方法を用いている。立候補者のうち、獲得投票数で上位何人かだけを議員として認め、それ以下はすべて排除したり、有権者数または投票数の一定の割合（通常は数パーセント）の投票を獲得できない党には議席を与えない、などといった方法はどの「民主主義」の国でもあたりまえのように実行されている。

国民投票、住民投票などをすれば「民主主義」である、と信じている人は多いが、通常五〇パーセントのめやすが用いられている。と言うことは五一パーセント賛成、四九パーセント反対、という結果ならば国として「賛成」ということに決められる。従って反対の意思を示した四九パーセントの有権者は無視されてしまう。現実にはこのような結果はしばしば観察され、ヨーロッパ連合に参加するかどうかの国民投票をしたヨーロッパの国々のうち、いくつかの国はこのような結果となり、ほとんど半数の人々が反対であったにもかかわらず、これらの国は「賛成」になってしまった。ヨーロッパ連合の中で、とくにこのような結果を示した国々の中で、ヨーロッパ連合を好まない、という根強い意見があるのももっともである。ヨーロッパの共通通貨であるユーロを導入するかどうかの場合にもまったく同様な投票結果となり、まったく同様な世論となった。

このように国民の意見の多様性を無視し、多くある意見のうちの一つだけを取り上げ、それを国を代表する意見とするのを一般に「民主主義」と呼んでいる。しかしより正確な表現をする人々はこれを「多数決の横暴」と呼び、専制君主や独裁者の横暴さに比較さえしているが確かに一理がある。賛成と反対の差が少ないほどその横暴さが明確になる。

「言論の自由」など存在しない

西洋文明の文明圏内に事実上組み込まれてしまった現在の日本では「自由、平等、民主主義」なる三つの価値観を保持し、これは日本では戦後約五年にわたって事実上の国家元首として君臨したマッカーサーと、その連合軍最高指令部によって指導され、教え込まれた。しかしこれら三つの価値観は表向きのものであり、立派に見せるための窓飾りで、現実にはこの価値観どおりの国などどこにも存在しない。一つの文明なり文化なりは基本的にはできるだけエゴイズムを追求する存在である。行動の単位が国であれば国の、文明が単位であれば文明の利益を第一に考え、それに従って行動する。これは国際関係の専門分野では明確に知られている原則であり、専門家でなくてもある程度常識のある人間であれば誰でも知っている事実であろう。

現実的に考えれば、これはやむをえない処置であると割り切って考えることもできる。国なり文明なりが他の国々や他の文明に対し一本化されてまとまった態度を示し、一枚岩で接しなければば効果的な対処はできない。自分たちの言い分を強く主張し、それが明らかにエゴイズムであっても、いやおうなしに相手に受け入れさせてしまうには絶対不可欠である。これは外交の基礎的知識である。蜂の巣をつついたような意見百出の状態では他の国、他の文明に足元を見られてしまい、敗者になってしまう危険性が高い。

理論的に考えると、社会の中に存在する多数の人間はそれぞれ独自の意見を持っている可能性がある。極端に考えれば、人の数だけの意見が存在するのかもしれない。しかし社会の現実はそうならない。意見が社会の中で伝播するにはまず（一）意見表明の手段がなければならない。しかし現実には（二）意見表明の手段を操作できる個人なり組織が存在している。従ってこの二番目の条件次第である意見が一人の人間から他の人間に伝えられるかどうかが決まってしまう。これは大変複雑な問題であるのでごく簡単にだけ説明をしておく。

現代の社会では意見伝達のための最も重要な手段はマス・メディアである。新聞、雑誌、単行本、ラジオ、テレビ、などは多数の人間に情報を伝達することができるため最も効果的である。最近ではインターネットも場合によっては効果的に多数の人間に情報を伝えることができる。しかしマス・メディアのどれをとってみても、情報を送る者から情報を受ける者の間に多くの関所のようなものがあり、そこである特定の情報が通過してよいかどうか検閲される。場合によってはこれは政治的、宗教的、人種的、その他の理由による配慮や圧力によって次の段階へ到達することを許されず、それは最終的には情報を受ける者には届かない。知る人ぞ知る「菊と鶴のタブー」はその一例である。

学術界での関門

アメリカでは大学出版局の活動が盛んで、商業的に出版してもあまり儲からないとか採算がとれないと見なされても、学術的価値があり重要であると判断された原稿を学術本として出版することが多い。客観的に見ると、これがアメリカの学術研究、特に社会科学、人文科学と呼ばれる分野で世界に先んじている大きな理由の一つである。日本でも大学出版局と名乗る出版活動があることはあるが、とてもアメリカに比べることができないお粗末なもので、ほとんどの場合出版局の属する大学で使用する教科書を出版する程度で、場合によっては著者の自費出版である。正直に言ってこれでは日本がアメリカに遅れをとるのは当然である。

しかしここでさらに追加しておかなければならないのは、このように敬服に値する見事なアメリカの大学出版局でも、いかに質が高く学術的に重要であっても、ある特定の種類の原稿は受け付けない。ユダヤ人やイスラエルについて批判的な本は、いかに学術的で公平な内容のものであっても、出版することは非常に難しい。これらの原稿については関門を通さないのである。この問題は学術論文を専門誌に投稿する場合でもほぼ同様である。従って学術的な知識の場合でも、すべての重要な情報が研究者に届けられるわけではない。政治学、社会学といったような分野ではこの危険性は特に高い。もし万一出版できたとしても書評には取り上げられない。

例えばフランツ・イェツィンガーがヒトラーについて書いたドイツ語の本がある。イェツィンガーは博士号も教授の肩書きももっている。この本はオーストリアの公文書にもとづいた学術的研究で、推測にもとづいたいい加減な本ではない。それによると、ヒトラーの父方の祖父はユダヤ人であったとのことで、それを裏付ける事実についても述べられている。これは一九五六年にウィーンで出版され、その後イギリスとアメリカで英語版が出版されている。しかし書評はされず、学界からは完全に無視されてしまった。このような内容では、いかに学術的で信憑性があっても、書評には取り上げられない。日本訳はない。「トンデモ本」と見なされたのであろうか。

大学から追われる可能性

もし例外的にアメリカの大学の先生がアメリカの政治体制批判などの学術書を発行できたとしても、その先生は解雇されることも頭に入れておかなければならない。大学で先生が採用される場合、最初は四年なり六年なりの契約採用である。表向きにはその仮採用された先生の教師としての能力、研究者としての能力を評価するためであるが、これは同時に大学にとってはその人物が問題を起こすことがないかどうか監視をする期間でもある。この仮採用の期間内であれば、理由を説明せずに契約更新をしないことができる。契約更新をすればテニュアーという定年までの雇用を事実上保証する契約となるわけであるが、仮契約を更新できなければテニュアーの地位は得られない。これでは研究者は講義の中で言いたいことも言えず、本として書きたいことも書けなくなるという萎縮した人間にならざるをえない。

いわゆるナイン・イレブンと呼ばれる事件の後、イスラムに共感的な意見を公表した多くの仮採用の立場の先生が大学を追い出されたとされている。筆者は正確な統計的数字を知らないので何とも言えないがおそらく事実に近い情報であろう。一九五〇年代のいわゆる「マッカーシー旋風」で「共産主義者」とレッテルを貼られた多くのアメリカの大学の先生が大学を追われたのもよく知られている。

その中で最も有名な人物は核物理学者で、原子爆弾の開発をしたマンハッタン計画の主導的立場にあったロバート・オッペンハイマーであろう。大学を解雇された後、核物理学者として大学でも研究所でも働くことができず、コロラド州の農場で牛を相手に暮らしていた。うわさとしてしばしば聞くのは当時のアメリカの大学には表向きには大学教授として配置されていたスパイが大学内を監視し、「共産主義者」を見つけたらそれをＦＢＩに報告していたというものである。

ありうる話である。

マス・メディアの関門

新聞社、テレビ局やラジオ局、出版社、などは強力な圧力や威嚇を意識すれば、それが誰から、またはどの組織からきたものであっても、危険を避ける必要を感じ取ればその情報を関所で抑えてしまうことになる。編集関係者やプロデューサーのように個人の立場であれば、自身や家族への危険を考えたり解雇される可能性を考慮すれば、やはり危ないことはしないほうが得策である。

これとは反対の場合もある。意見表明の手段を経て伝達される情報は事実である必要はまったくない。極端に言えば、どんな情報でもそのような経路を経て、関門も次から次へと通過し、情報を受ける者まで届けてしまうことも不可能ではない。その場合には個人や団体からの圧力や威嚇を受けたために関門が関門としての機能を果すことができず、通過してはいけない情報が情報を受ける者まで到達してしまう。ここでも政治的、宗教的、人種的、その他の理由が介入するわけである。

イギリスでは「タブロイド版」と言えばあることないことを大げさに書き、売上を伸ばすことしか考えないいい加減な新聞を指すが、日本の週刊誌も同様で、名誉毀損や事実歪曲の理由で訴訟に持ち込まれることがしばしばあり、テレビ局でも捏造した番組をあたかも本当のように放送することがあるのは今では常識となってしまった。お金が神様の世の中で起こってしまう事件である。

文明による知識の操作と洗脳

このような情報の伝達、知識の伝播の現実を理解すれば、一般大衆へのマス・メディアからの知識は勿論、「学術的」とされる知識さえも大変いいかげんで頼りないものであることが理解できる。一九五〇年代からタバコと肺ガンの因果関係が指摘されはじめたが、これに危機感を抱いたタバコ産業は莫大な研究資金を研究者に与え、そのような因果関係はない、という研究結果をさかんに発表させた。しかも学術雑誌、専門誌にである。それはさらにマス・メディアに取り上げられ、喫煙者も、パッシーブ・スモーキングを押しつけられていた非喫煙者も誤った知識を与えられ続けていた。筆者の印象では携帯電話と脳腫瘍の因果関係も同じようなものではないかと思われるが、専門的知識がないためこれについてあれこれと述べることは一切控えておく。

この問題を国や文明のレベルで考えてみると、まったく同様なことが言える。ある国が国益を考え、ある文明が自らの文明の支配圏を維持し、それをできるだけ拡大することを企むのは、すべての人間が操作動機を持つ霊長類の動物であることを考えれば当然である。従ってある国やある文明が他の国や他の文明に対して「タブロイド式」、週刊誌まがいの国際関係、対外外交をとるのも至極自然の成り行きになってしまう。事実の歪曲は勿論のこと、意図的に捏造した真っ赤な嘘でも、もっともらしく見える方法を用いて大衆に伝えれば、大衆にとってはその信憑性を客観的に評価検討することが不可能とは言えなくても非常に難しくなる。従って大衆の知識と意見を操作し、更には大衆を洗脳してしまうことさえできる。

メード・イン・ウサ

最近はほとんど聞かないが、一九五〇年代頃までのアメリカとヨーロッパで時々聞かされた噂に、「日本はウサという所で商品を作り、それにメード・イン・USAと明記しアメリカに輸出していた、アメリカ人はそれらの商品がアメリカ製であると信じて買っていた、日本人はけしからん」というものがあった。勿論このような噂を聞かされたアメリカ人はその情報がいつ、どこで、誰によって送り出されたのか、その信憑性はどれだけあるのか、などということは考えず、信じてしまう。

これは一九三〇年代のアメリカ、特にカリフォルニア州で極度の反日感情が存在していたときに発生したものだ、という憶測があり、更にはこれはカリフォルニア州の一部の政治家の利害関係を反映したハースト系の新聞が書き始めてそれが広まってしまった、などとも言われている。筆者はいろいろ調べてみたがこれらの情報について未だにはっきりしたことを知ることができない。従ってここではこれを紹介するだけでそれ以上のことは書かないのが最良である。

これはアメリカで流布された噂であるがスウェーデン版のものもある。これはアメリカ版のものと同様で、唯一の違いは「USA」が「SVERIGE」（スウェーデン語でスウェーデンを意味し、スベリエと発音する）または「SWEDEN」となっている点である。そして問題にされている商品は何と火をつけるマッチである。「USA」の場合には日本語でウサとなり、地名として日本語に聞こえ、実際に宇佐という都市が大分県に存在する。しかし「SVERIGE」や「SWEDEN」はどう考えても日本の地名にはならない。マッチが問題にされているのも以外な感じがする。これはアメリカから導入された反日の態度をスウェーデン式にしたものであろうか。いずれにしてもこれらの話は国、文明のレベルで大衆の知識、意見、感情を操作できてしまう可能性を示している。

国益を教えこむテレビのチャンネル

これよりもう少し客観的に検討できる例もある。アメリカには多くのテレビのチャンネルがあり、そのほとんどは商業的なもので、当然ながらお金次第である特定の個人や団体の意向に左右されてしまう可能性が高い。中でも国益を促進、増進するという意味で「ヒストリー・チャンネル」、「ナショナル・ジェオグラフィック」、「ディスカバリー・チャンネル」などはアメリカのみならず、ヨーロッパでも放送されているパックス・アメリカーナの広報部といった感じのチャンネルである。

この中で特に注目したいのは「ヒストリー・チャンネル」である。これはその名のとおり、歴史上の出来事をとりあげ、それをできるだけ劇映画のような形にして再現し、場合によっては現実を記録した映画を引用して解説する、という一見教育番組のような印象をあたえるものである。数多く放送される番組の中には勿論事実を詳しく記述した、客観的な番組もある。その反面、どう考えても国益を明白に示した表現や、宗教的、人種的にかたよった傾向を示すものも見られる。

「ヒストリー・チャンネル」に繰り返し繰り返し見られる傾向として「ナチスは悪者」、「第二次大戦中のドイツは悪者」、「無実のユダヤ人はいかに差別され迫害されたか」、といったものがある。日本が取り上げられる場合にも「悪者」として解説される場合が多々ある。例えば、真珠湾攻撃を説明する場合、「大恐慌で始まった世界の不景気の影響を受けた日本は経済的に困窮し、それを打開するため資源を求めて中国大陸を侵略した、アメリカが中国を支持し日本を非難したためアメリカに敵意を抱いた日本は真珠湾を攻撃した」といった内容のものがしばしば放送されている。

だが一寸待ってくれ、と言いたい。大恐慌はニューヨークの株式の大暴落に始まり、それは一九二九年のことである。真珠湾攻撃を理解するにはそれ以前にアメリカと日本で起こった大事件も取り上げなければならない。大事件と言ってもいくつかあるが、どれも真珠湾攻撃を理解する為には絶対不可欠の大事件である。一九世紀の終わりから二〇世紀の始めにかけてヨーロッパとアメリカでいわゆる「黄禍論」なるものが盛んになった。日本はこれに対処するために新たに発足した国際連盟の規約の中に人種差別禁止を明記することを提案したがオーストラリア、イギリス、アメリカの反対で採択されず、一九二〇年に人種差別禁止の条項なしの国際連盟が発足してしまった。

これだけでも日本で反西洋の思想が台頭するのに充分であるのに、これに輪をかけて一九二四年にはアメリカで日本人の移民は入れない、といういわゆる排日移民法が成立した。日本に対するヨーロッパとアメリカのこのやり方は当時の日本の政治家、政治思想家、ジャーナリストは勿論、一般国民をも憤激させ、反西洋、反アメリカの態度をとらざるを得ない立場に追い込んでしまった。これは当時の新聞を見れば簡単に理解できることで、例えば排日移民法成立直前に東京両国の旧国技館での対米国国民大会では「米国に宣戦を布告せよ」と叫ぶ者さえいた、との記録が残っている。そしてこの排日移民法が成立した一九二四年には多くの反西洋の政治団体が結成され、その一部はその後の日本の政治を牛耳るようになり、対外外交、特にアメリカに対する態度に莫大な影響力をもつようになったのであった。

真珠湾攻撃を理解するには、少なくともこれら一九世紀末以来ヨーロッパとアメリカで起こった一連の出来事を考慮に入れなければ絶対に理解できない。しかし「ヒストリー・チャンネル」はこのようにアメリカにとって都合のわるいこと、体裁のわるいこと、良心に咎めることなどはすべて無視し、無言である。アメリカの国益に沿った、アメリカ人を洗脳する、いかにもアメリカ的なテレビ放送であり、パックス・アメリカーナの思想をそっくりそのまま宣伝する体質をありありと見せている。

日本をパックス・アメリカーナに組みこむ準備

日本のポツダム宣言受諾の後、連合軍は日本を占領したが、最優先の課題は日本の軍事力を徹底的に解体して西洋文明の邪魔にならないようにしてしまうことであった。日本の占領は常にアメリカ主導の形でおこなわれ、当然のこととしてアメリカ出身のマッカーサーが最高司令官になった。すでに戦争が終わる二年ほど前から、ワシントンでは国家軍事海軍協力委員会（ＳＷＮ

ＣＣ）と呼ばれた組織が、日本の占領はどのように実行するかについて時間をかけて協議をしていた。これはマッカーサーの日本着任の時点ではすでにトルーマン大統領の承認を受けており、連合軍最高司令官としてのマッカーサーの任務はこのアメリカの占領方針を実行することであった。

この占領政策は基本的には四つの原則よりなっており、（一）ポツダム宣言の再確認と、民主的な自治政府の原則にできるだけ近い、日本国民の意思にもとづいた政府の設立、（二）天皇と日本政府は連合軍の権限の下にあること、（三）即時、徹底的な武装解除と、アメリカその他の民主主義国の歴史、慣習、文化とその成果について学ぶ機会を日本国民に与えること、（四）各種の経済再建の方法、というものであった。

これら四原則の中で、（一）は連合軍が勝ったことを日本に再確認させ、連合軍が望ましいと見なす政治方式を日本に導入することである。（三）は連合国側の危険にならないよう、日本から軍事力を完全に排除することであり、アメリカの考えることを日本に教え込むことである。（四）は日本の経済が混乱しては占領方針を実行する妨げになるので必要とされた。これらの三つを実行するのに日本が反対できないよう、（二）を定めて天皇も日本政府も連合軍のいいなりになれ、と決めたわけである。

この四原則が具体的にどのように実行されたかと言うと、天皇は占領開始直後の九月二七日に総司令部のマッカーサーの執務室に「ご挨拶」に出向いて天皇はマッカーサーの下の地位にあることを公に認めた。この会見の時の二人が並んだ写真が日本の各新聞に掲載され、日本では誰が一番偉いのか、誰が一番権力をもっているのか、をすべての日本国民に明白に教えこむ効果をもたらした。天皇の「人間宣言」も表明された。軍は解体されて軍部による抵抗やクーデターの可能性は取り除かれた。経済再建のためには「ドッジ・ライン」と呼ばれた再建案が強制された。これらの占領政策の実施によって日本はアメリカのいいなりにならざるを得ず、これによってパックス・アメリカーナを実行できる条件ができあがったわけである。

しかしパックス・アメリカーナを効果的にするには日本国民の思想改革が不可欠である。これこそがこの四原則の三番目であった。いくらアメリカがパックス・アメリカーナを強制しても日本国民が別の考えをもっていては抵抗される。武力的には反対する力がなくても心理的には受け入れない可能性が高い。それには日本国民の徹底的な思想改革が必要であり、それが文字通り実行されたのであった。

占領軍による思想改革と検閲

連合軍総司令部には民間情報教育局（ＣＩＥ）という部門があり、これが日本国民の思想改革に積極的に取り組んだ。教育映画というものを学校や公民館で上映し、その内容は西洋、とくにアメリカの政治体制がいかにすばらしく、日本はいかにひどい国であったか、というものがほとんどで、日本も努力してアメリカのようになれば豊かですばらしい国になれるのだ、ということを繰り返し繰り返し伝えた。それにはそれまでの軍国主義を放棄し、封建的であった日本の社会を改め、民主主義の国になる必要がある、という結論である。

ＮＨＫでは「真相はこうだ」という番組がラジオで放送され、日本の軍隊がいかにひどいことをしたか、アメリカはどのようにしてそのような日本軍と戦ったのか、といった内容のものが多かった。ここでも日本は悪かった、日本は間違っていた、という内容を伝えていたのである。占領初期にはＮＨＫの海外放送で占領軍の犯した犯罪などが放送されていたが、このような内容の放送は禁止になった。新聞も検閲され、連合軍やマッカーサーに批判的なことはマス・メディアからすべて追放されてしまった。

それどころか、個人から個人への純然たる私信の封筒も開封されて検閲され、日本人が何を考えているのか、占領軍に対してどう考えているか、敵意を抱いているか、などを調べていた。それでも一度開封された封書には占領軍が検閲をした、と記してあり、すくなくとも受取人は検閲されたことを知ることはできた。これではやたらなことを言ったり書いたりしては危険である。したがって日本の一般大衆としては、黙って何もしない、何も言わない、という態度をとるのが最善であった。

日本は悪者であったとする戦後教育

しかし日本の将来への影響という観点からすると、学校の教科書を通じて日本国民を子供の時から洗脳するのが最も効果的であった。終戦直前の日本では、教科書といっても本として綴じてあるものではなく、生徒は大きな紙を折りたたんだものを先生からもらい、それを細かくたたんで鋏で切り、それを本のようにして使用していた。教科書のすべての文章がそうであるわけではなかったが、戦時下の教科書であるために反英米の内容の文章もあった。戦争をしていれば当然であろう。

占領が始まると直ちに各学校に命令が伝達され、このような折りたたみの教科書の中の軍国主義と思われる個所は墨で消すか、書きなおすことになった。先生が各ページごとに消すか書きなおす個所を指定し、生徒はそれに従ったわけである。例えば国語の文章で、二組に分かれた運動会の騎馬戦の記述でも、「敵」という表現は墨で消して「相手」と書き直すほど徹底したもので、戦争感、敵対感などをすべて追放しようというものであった。

この占領直後の教科書の後は現在に至るまでの「平和国家日本」を教える教科書になったわけ

である。平和な日本であるのは結構であるが、問題なのは西洋の、特にアメリカの悪い点には沈黙する傾向が非常に強い点である。その結果、ポルトガル人が多くの日本人を奴隷として海外に売り飛ばしていたことを知っている日本人はほとんどいない。しかしこれを語らなければ近代西洋の侵略と植民地化は理解できない。その後に起こったキリシタン追放と鎖国も理解できない。西洋の人種主義が日本で反西洋思想を形成させたことを知らなければ真珠湾攻撃は正しく理解できない。しかしパックス・アメリカーナの観点で見ればそれこそ思うつぼである。それでよいのであり、そうでなければならない。要するに「ヒストリー・チャンネル」式の内容が日本の学校で教えられればパックス・アメリカーナ万万歳である。

パックス・アメリカーナを疑わない戦後の日本人

このようなパックス・アメリカーナの戦後教育を受けてしまった日本人にとっては、学校で教えられたことを疑うのはほぼ不可能であろう。子供の時からある特定の宗教や宗派の教えによって育てられたようなものである。現在ほとんどの日本人は太平洋戦争について客観的な詳しい事実は知らない。そして日本の歴史をもっと知るべきである、というような考えには否定的な態度をとる人が多い。学校で習ったこと以外の観点はすべて「軍国主義」や「右翼」と見なされてしまう。

連合軍の主張によれば、日本軍はアジアで「人道に反する罪」を犯したとし、この対象となった日本人の一部は東京国際軍事裁判で死刑の判決を受け、それは執行された。しかし連合軍もアジアとヨーロッパで明らかに「人道に反する罪」を犯している。これには全く議論の余地はない。東京その他の日本の都市、ドイツではベルリン、ハンブルグ、ドレスデンなどの都市の徹底的で無差別な空襲、そして日本での二回にわたる原子爆弾投下は誰がどう見ても「人道に反する罪」である。これはこの道の専門家が解釈しても答えは同じである。例えば、原子爆弾投下を公認したトルーマン大統領は明らかに「人道に反する罪」を犯していて、明らかに「戦争犯罪人」である。にもかかわらず、これらの責任者は何の罪にも問われていない。

パックス・アメリカーナの哲学ではそれは問題にしないし、その必要もないし、第一アメリカ側、連合国側には「人道に反する罪」は存在しないのである。ジョージ・H・W・ブッシュ大統領が一九九二年に来日した際、アメリカが日本に原子爆弾を投下したことに対し自分は謝罪などしない、と明言した。天皇主催の晩餐会の折に倒れた、あの訪日の時の発言である。ドイツ人がドレスデンの徹底的な空爆は「人道に反する罪」であるとデモをしたところ、デモをするのはネオナチだ、と言われ無視されてしまった。

戦後教育を受けた日本人は、日本が空襲され、原子爆弾を投下されたのは軍部のせいだ、日本の軍国主義が悪かったのだと考え、現在の日本の政府と主導者に責任を問う。しかしよく考えていただきたい。当時の日本の政府や日本の主導者が日本各地に空襲をしたり原子爆弾を落としたのではない。これをしたのはアメリカである。にもかかわらず、アメリカの責任を問わずに日本の責任を問うという心理はパックス・アメリカーナの産物であり、それがいかに成功してしまったかを示している。

日本の軍国主義の犠牲になった韓国人や中国人は絶えず日本政府を相手取り訴訟をしている。韓国人は韓国政府を訴えないし、中国人は中国政府を訴えない。論理的にはこれが正しく、苦情は問題を起こした当事者に直接持ちこむのが当たり前である。

戦争はゲームではない。戦争は「ゲーム理論」などで理解できない。戦争は試合でもない。審判もレフリーも存在しない。審判やレフリーに似たように見せかける存在は戦勝国が戦争の後になって独断的に決め、前もって決められた裁定を一方的に下すのである。鷺が明らかに鷺であってもそれは烏であると断定されて鷺は烏になってしまい、それが世界の常識になってしまう。これがすべてのパックス何々と呼ばれる状態に存在する歴史的事実である。パックス・アメリカーナも例外ではない。

開国の恩人になってしまったペリーとハリス

パックス・アメリカーナが成功してしまった驚くべき例として、現在の日本で扱われているペリーとハリスがある。黒船を率いて日本の開国を迫ったペリーは圧倒的な国力と軍事力を誇示し、日本を威嚇し、日本を攻撃して見せると豪語した。老中首座としてペリーと折衝した阿部正弘はアメリカのいいなりにならざるを得ず、血の涙を流すようだ、と述べている。アメリカが無理に開国させた後、初代総領事として下田に赴任したハリスはペリーとまったく同じ威嚇と脅迫を続け、井上清直は日米修好通商条約に同意させられた。これらの歴史的出来事は日本の観点から見れば屈辱的なことであり、日本に軍事力がなかったためにアメリカの圧力に負けてすべてに合意させられたわけである。当然のこととして当時の日本人はアメリカを極度に憎み嫌った。これらの出来事を自ら観察した福沢諭吉は、幕府の人間たちはすべて外国人を徹底的に憎み、嫌っていた、という記録を残している。

しかしこの一連の出来事をアメリカの立場から見ればすべて完全に異なったものとなる。アメリカのエゴイズムをありありと示した、開国その他の三つの要求はすべて押しつけることができた。アメリカ万万歳である。これは喜ばしいことである。パックス・アメリカーナの哲学からすれば、日本人もアメリカ人同様にこれらの出来事をすばらしいことと意識し、解釈し、お祝いするようになれば完璧である。そして事実そうなってしまった。

現在の日本を観察していただきたい。ペリーが上陸した久里浜にはペリー公園なるものがあり、そこにはペリー記念館がある。毎年七月の第二土曜日には上陸記念式典がおこなわれる。夜には花火大会もある。毎年一一月三日の文化の日に東京の浅草で行われる「東京時代祭」にはペリー一行が登場する。下田でも同様である。毎年五月中旬に「黒船祭」なるものが催され、ハリスが総領事として赴任したことを祝っている。つまり現在の日本人の意識と理解によれば、ペリーもハリスも日本開国の恩人であり、これらの恩人にしていただいたことは忘れてはならず、毎年盛大なお祭をして感謝をしよう、というものである。日本史の歪曲もおびただしいが、パックス・アメリカーナからすれば、それでよいのであり、そうでなければならない。もし韓国でこのように歴史を歪曲し、お祭騒ぎをしていたら国賊と見なされ、財産は没収されてしまうであろう。

第四章　人種主義に色を用いる理由

一九九〇年前後にスウェーデンとアメリカでヨーロッパ人の皮膚の色を誰が見てもあきらかな黄色に描く現象が現われはじめ、それをヨーロッパ系の人々を含め、ほとんど誰もが何の疑問も持たず、抗議もしないで受け入れてしまった。スウェーデンの新民主党は間接にではあるが国の政策決定と実行に多大な影響力を及ぼし、アメリカで生まれたシンプソン一家のアニメは大人気となり、アメリカの大衆文化にこれまた大影響を及ぼした。そしてアメリカの産物を簡単に受け入れてしまう現在のヨーロッパの特徴をそっくりそのまま反映して、『ザ・シンプソンズ』はヨーロッパのテレビにも現われるようになり、シンプソン一家の主である黄色の肌をしたホーマーの人形もヨーロッパで売られている。このような事実を見ると、この現象はいかにして市場に売り出すかという政治的または商業的な奇抜な思いつきで発生したものではなく、また一時的な流行でもないような印象を与える。

一九九〇年頃までは世界の人間は、ヨーロッパ人は「白い」肌を持ち、「黄色い」肌を持っているのは東アジア人であると信じさせられてきた。この考え方は二一世紀始めの現在でも根強く存在するのは事実である。にもかかわらず、ヨーロッパ人の皮膚の色を黄色に描写する方法がこのように簡単に受け入れられてしまい、広まってしまったことは大いに注目すべきである。その理由として、筆者は共産主義の拒否、社会主義の拒否、理想主義の失敗としての移民、難民受け入れに対する反対、などと共に、二〇世紀末の西洋文明に現われはじめた大きな思想的変革の一つではないか、という仮説を述べた。つまりアフリカ系アメリカ人の間で始まった公民権運動とその成功の影響を受けた、世界の人種をより客観的に眺める考え方が発生し、西洋文明内のそれまでの世界観に変化をもたらし始めたのではないか、という仮説である。

筆者は文明というものはその出発点が環境を操作し、できるだけ有利に生きてゆこうとする生物学的な理由にもとづいているために原則的にはエゴイズムの産物であるとも述べた。そしてこのエゴイズムを文明の内外にもっともらしく見せ、それを正当化するために知識を操作し、文明の内外の人々をできるだけ洗脳することをする、とも述べた。文明によるこの試みは成功する場合もある。事実、原則的には世界の人間のほとんどは西洋文明が考え出した、世界の人種を色で象徴し分類する方法を多かれ少なかれ受け入れてしまっている。それにもかかわらず、人間の思考の多様性のおかげで、これに疑問をもつ人たちが西洋文明の中から現れたのである。この点について、ここで筆者の解釈を詳しく説明する。

人種に色を当てはめる現実

一九九〇年頃までの西洋で、そして世界で、一般的に通用したのはヨーロッパ人を「白い」、アフリカ人を「黒い」、北米、中米、南米の先住民を「赤い」、そして東アジア人を「黄色い」とする表現方法であった。これは二一世紀の始めになってもいわば原則的に世界で通用しているものと思われる。その他に場合によっては西アジア人を「茶色い」などとすることもしばしばである。しかしこの色をいろいろな人種に割り当てる方法は必ずしも確定しているものではない。

ポルトガル人によって侵略され植民地化され、現在ブラジルと呼ばれている国ではポルトガル人の皮膚の色を反映したためか、日本人も「白い」とされる場合もあり、ブラジルで「黄色い」とされるのはアマゾンに住むインディオたちの場合が多い。しかもブラジルでは客観的に観察された皮膚の色よりも社会のどの階層に属するかによってそれぞれの人間の皮膚の色が決定される傾向があり、アフリカ系、インディオ系の先祖が認められるような顔つきをしていても、肌の色が特に目だって黒くなく、社会の上層に属していれば「白い」と分類されることもある。

実はアメリカの南部でもこのような傾向があり、人種を「黒」か「白」としか分類しないことが多々あるが、その場合には日本人は自動的に「白」に分類される。「黒」でないから「白」となるわけである。そして衆知のごとく、人種隔離最盛期の南アフリカでも日本人は「黒」でも「カラード（有色、つまりアフリカ系とヨーロッパ系の混血）」でも「インド系」でもないため、南アフリカ政府は一九六二年に日本人は法的には「白人」と決定した。勿論これは単なる人種分類の問題だけではなく、利害関係もからんできていたわけで、当時の日本はヨーロッパの国々のように南アフリカをボイコットせずにさかんに輸出入をしていたから南アフリカとしてもその点も考慮したわけである。

物理的な現象としての色とは関係ない人種描写

このような現実に気がつくと、世界の人種に色を割り当てるのは客観的、絶対的なものではなく、相対的なもので、時と場合によってご都合主義的に変わるものである印象を受ける。ある特定の色を意味する単語はその特定の色を描写するときにのみ使用されるべきである。勿論、色の現象を物理的に考えた場合、その色にはある程度の光の波の現象としての範囲があり、これは当然のこととして許容されるべきである。しかし色を描写する単語を用いて人種を分類する方法はこのような許容の範囲をはるかに超えている。この問題を理解するには、まずヨーロッパ人を「白人」、アフリカ人を「黒人」と呼ぶやり方をよく考え直してみるべきである。

美術関係の専門店に行くと、通常ありとあらゆる色のカードが束になっている色のサンプルのようなものを手に入れることができる。カード一枚ずつにそれぞれ番号がついていて色の名前が明記してあるのが通常である。これは国際的には国や言語に関係なく大体同じようである。このような色の名称の基準を用いて世界の人種、民族を調べてみるがよい。ヨーロッパ人の皮膚は白ではないし、アフリカ人の肌は黒ではない。

筆者は北アメリカとヨーロッパの国々の多くを直接訪れて実際に人々の皮膚の色をこの目で見ているが、白い肌の人間などいまだかつて見たことがない。「白い」というのは実際には赤みがかった象牙色、またはごくうすい象牙色である。筆者はアフリカには行ったことがないが、これまでに出会った数多くのアフリカ人で黒い肌の人は見たことがない。「黒い」というのは実際には大変濃い茶色である。ほとんどのアフリカ人はそれより明るい茶色の皮膚である。つまり「白い」肌というのは本当は明るい色の肌ということであり、「黒い」肌というのは色素が大変多い肌ということなのである。

「白」と「黒」の起源

アメリカの二人の文化人類学者、ブレント・バーリンとポール・ケイはいろいろな言語を比較研究した結果、文化にかかわりなく、いずれの言語においても色についての最初の単語は「白」と「黒」で、その後文化が発達するにつれて他の色を示す単語が使われるようになった、と主張している。この理論が正しいとすると、どの言語の場合でも明るい色はすべて「白」であり、暗い色はすべて「黒」と呼ばれたものと考えられる。つまり皮膚を「白い」、「黒い」と表現するのはこの人類の言語の歴史的過去によるものと思われる。事実日本では日本人の皮膚の色をお互いに「白い」とか「黒い」とか描写している。このような人類の文化的歴史的過去があるならば、それがいまだに存続し、我々がそれに何の疑問も持たずに毎日あたりまえのように使用しているのも納得できる。

このように色の世界が二分されると「白」と「黒」という二つの世界の認識となる。世界は「白」か「黒」かのいずれかに属し、これら二つの世界は相互に対照または対立の世界として認識されてきたものと思われる。人類が言語を使用するようになった初期の時点でこの認識がすでに存在していたものとすればその歴史は大変古いものであり、この認識に基づいて人類の文化、文明が形成された可能性は高い。

「善」と「悪」になってしまった「白」と「黒」

西洋文学の歴史を眺めてみると、「白」と「黒」の象徴的な意味合いは大変明確である。「白」は純心、潔白、処女性、美徳、美、正直、神などの象徴となっている。これと対照的に、「黒」は不純、罪悪、卑劣、醜悪、悪魔などを象徴しているのが至極当然のこととされている。この考え方は文学だけでなく、西洋の絵画の伝統でもある。

言語の表現でもこの考え方は明白である。英語には「ホワイト・マジック（有益な呪術）」、「ホワイト・ホープ（自分の仲間や国を有名にしたり繁栄させる人）」、などの表現があるが、これは物理的な光の波動現象としての色とはまったく関係のない、単なる象徴的な表現としての「白」である。「白雪姫」とは英語で「スノー・ホワイト」と言うが、勿論現実には雪と同じ色の肌をもった人間などこの世に存在しない。純心無垢な少女、という象徴的な意味での「スノー・ホワイト」である。そして彼女は邪悪な心をもった継母と対象の存在なのである。ディズニーの映画に描かれている白雪姫の肌は雪の白さではなく血色の良い多少赤っぽい肌である。絵本に描かれている白雪姫も言語や出版された国に関係なく、大体同じような肌の色をしている。降伏の場合に示す白旗は悪意はない、攻撃はしない、という象徴である。

「白」と対照的に「ブラック・マーケット（闇市）」、「ブラック・マンデイ（悪い月曜日）」、「ブラック・リスト」、「ブラック・マジック（悪意のある呪術）」、「ブラックメイル（脅迫）」、「ブラック・シープ（へそ曲がり、異端者）」、「ブラックレッグ（労働組合に反対する悪者）」、「ブラックボール（反旗をひるがえす投票）」、など「黒」は悪いこと、望ましくないこと、違法なこと、避けるべきこと、などを意味している。そしてこれらの例でも「黒」が光の波動現象とは無関係に象徴的な意味で使用されているのである。

なぜ「白」は良く、「黒」は悪くなってしまったのであろうか。その質問に科学的に答えるのは不可能である。しかし推測はできる。霊長類のある種の動物は夜行性で、暗いところでも環境をある程度見ることができる。しかし言語を使い始めた時点での我々人類の先祖はそうではなかった。暗いところには攻撃される危険があり、それは避けなければならない。一方明るいところでは環境がよく観察でき、危険があればそれを直ちに知ることができ、逃げるなり攻撃するなり、といった行動をとることができる。したがって「白」は種の生存には好ましく、「黒」は好ましくない。つまり進化論的に考えると、「白」は良い色、好ましい色、生き延びる色であり、「黒」は危険を暗示し悪い色、殺されるかもしれない色、避けなければならない色となったのかもしれない。

『白鳥の湖』

善と悪の世界、味方と敵の世界、良い人と悪い人の世界、を「白」と「黒」を象徴的に用いて描写する方法は文学、特に詩、絵画、のほかにオペラその他の舞台芸術などにしばしば見られる。有名な例はチャイコフスキー作曲のバレー音楽、『白鳥の湖』であろう。邪悪な魔法使い、フォン・ロトバートに呪いをかけられて白鳥にされたオデッタは典型的な悲劇のヒロインである。そしてこれを悲しんだ母親の涙でできあがった湖で白鳥の女王として生きていて、毎晩夜中から夜明けまでの間だけ人間の姿にもどることができる。彼女だけを心から愛し結婚する男性が現われればこの呪わしい運命から逃れることができる、というオデッタはすべての点で「白」そのものの象徴である。

第三幕の宮殿の舞踏会で王子ジーグフリードは結婚相手を選ぶことを要求されているが、招待もされていないのに不気味に現れた貴族（実はフォン・ロトバート）が自分の娘オディールを出席者に紹介する。オディールがオデッタに瓜二つに見えたため、ジーグフリードはこれはオデッタと思いこみ、オディールを選んでしまうが、バレーでは悪者であることを示すため、オディールは黒装束で登場する。このバレーの初演の時はそうではなかったが、オデッタとオディールが瓜二つに見えることを強調するため、現在では通常一人のバレリーナがオデッタとオディールの二役を演じることになっている。従って見た限りではオデッタとオディールは全く同じで唯一の違いは衣装が白か黒かという点だけで、これによって更に善悪の違いを強調できるわけである。

このような「白」と「黒」の象徴的な意味合いとそれが人間を感情的に行動させることをよく理解していたアメリカでは、これが人種差別を維持するための手段として効果的に用いられた。クー・クラックス・クランは必ず白装束で現われアフリカ系の住民たちを心理的に威嚇し脅迫していたのはよい例である。白装束を着ることによってヨーロッパ系住民たちは自分たちを良い、優れた、美しい、知能の高い、という意識に結びつけ、アフリカ系住民は「黒」である、という別の意識と対照させ、悪い、劣った、醜い、知能の低い、という考えに結びつけ、彼らを威嚇したのであった。

日本語でも同じようなことが言える。「身の潔白」、「青天白日のもとに」、「色の白いは七難隠す」、などの表現は「黒幕」、「腹黒い」、「世は闇だ」、「目の前が真っ暗」、「お先真っ暗」などの表現と対照的である。この事実は日本語でもやはり象徴的には「白」と「黒」が「善」と「悪」になっていることを示している。

対になって意味をなす「白」と「黒」

ここで注意すべき点は、善と悪の象徴は白と黒が対になって始めて意味をなすことである。単に白だけ、または単に黒だけでは善や悪にはならない。また黒が白ではない他の色と対になった場合には悪の象徴とはならない。例えば赤と対になった場合である。赤字に対しての黒字は赤が好ましくない象徴になるため、その対照としての黒は赤の反対、つまり好ましい、望ましい状態となるわけである。赤も黒ではなく白の対照となる場合には悪い意味にはならない。この組み合わせは日本では日の丸がそうであり、紅白歌合戦のように男女を象徴することもあり、小学校の運動会のように単に二組の競争相手にもなる。そして日本では赤と白はなによりも御祝いの色二色であり、好ましい色、楽しい色二色の組み合わせである。

日本でも西洋でもあらゆる種類の儀式に原則的に黒と白の衣服を着用する。日本では告別式、御葬式、一周忌、三回忌、など葬儀関係すべて、そして入学式、卒業式、入社式、結婚式、といった場合である。結婚式など一見喜ばしい儀式になぜ黒と白という組み合わせをもちいるのか、と疑問をもたれる読者がおられるかもしれない。しかしあらゆる種類の式典は人生の重大な転機を象徴するものなのである。結婚式といえども人生の危機の一つであり、生から死にいたる一生の間の危機の時点である。それを白と黒の組み合わせで象徴し、良いことと悪いことは紙一重である、ということを印象づけるわけである。

このような時点では、ある人間の特定の生き方が短時間のうちに極端に変化することになる。独身生活が結婚生活になるのは人の一生で大変化である。このような大変化を体験するとストレスの積み重なりとなり、したがって病気になったり事故にあったり、といった結果になる危険性が高くなる。これは医学、社会心理学などの分野で広く知られていて、多くの実証的研究が蓄積されている。人生のある段階から次の段階へと移る危機を儀礼によってその重大さを印象づけるのは多くの文化で広く行われており、文化人類学ではこれを「通過儀礼」と呼んである。黒と白の組み合わせをこのような式に用いるのは危機感を強調し、来るべき新しい人生に対して心理的な準備をし、それを受け入れる心構えをさせるのが目的なのである。この点に関しては御葬式も結婚式もまったく同様である。

人種描写の色に現れた価値観

それでは人種描写に用いられている各種の色は象徴的にどんな意味を持っているのであろうか。筆者は西洋で人種を言及するのにしばしば用いられている色すべて、つまり白、黒、赤、黄、茶を取り上げ、これらの色が英語でどのような意味合いをもっているか調べてみた。これらの単語そのものとこれらの単語を含んでいる形容詞、副詞、句すべてを英語の辞書から引用し、これらすべてを良い悪い、積極的消極的、善意悪意、優れた劣った、合法非合法、という形で二分してみたのである。その結果は大変明確なものであった。象徴的には「白」は好ましい色で「黒」は好ましくない色であり、この結果は統計的にも有意、つまり明らかな関連性の存在を意味し、偶然の結果ではない、という結論になった。これら二つの色以外の色はその中間にあり、好ましい場合もあり好ましくない場合もある、という結果であった。

「白」と「黒」の問題点

ここでぜひ注意しなければならない問題が二つある。第一に、世界の人種の皮膚の色は物理的な光の波動という観点からみた客観的な色とはあまり関係がない、という事実である。ヨーロッパ人は「白」ではなくむしろ象牙色であり、アフリカ人は「黒」ではなくむしろチョコレート色である。象牙とチョコレートをなぜ「白」と「黒」と呼ぶのであろうか。第二に、人種を描写するのに使用される色は象徴的に明白な価値観を示している。ある人種を色の単語を用いて描写することによって既にその人種を良い悪い、積極的消極的、善意悪意、優れた劣った、合法非合法、といった評価をしてしまっているのである。

あるアフリカ人を「黒」と表現しても、客観的にはそのアフリカ人がチョコレート色の皮膚をもっている場合には事実の歪曲である。しかもそれだけでなく、「黒」は象徴的には好ましくない意味合いを持っているためこれは偏見と差別であるとも言える。従ってアフリカ人を「黒、黒人、ブラック」などと呼ぶのは明らかに差別用語である。同様にあるヨーロッパ人を「白」と表現しても、客観的にはそのヨーロッパ人が象牙色の皮膚をもっている場合にはこれも事実の歪曲である。「白」は象徴的には好ましい意味合いを持っているため、これも別の意味での偏見と差別と言える。ヨーロッパ人を「白、白人、ホワイト」などと呼ぶのもやはり差別用語である。

黒くもないアフリカ人を「黒」と描写するのは西洋の人種主義の観点から大変効果的な方法である。「黒」と対象の色は「白」であり、最もばかで醜く知能程度も低く文化的に遅れたと見なしたアフリカ人を「黒」とすることによって、自分たちを勝手に「白」と決めてしまったヨーロッパ人はその対照として自尊心と自負心を高め、得意になったわけである。アフリカ人と同じような皮膚の色をしている場合が多い、一部のインド人、スリランカ人、メラネシア人などが通常「黒人」と見なされず、そのように呼ばれもしないのはアフリカ人たちより進んだ文化、文明をもっていることを評価したため、「白」と対照にするにはアフリカ人ほど効果的ではない、と判断したためであろうか。

「白」と「黄色」の問題点

これとまったく同じことが他の人種を描写する他の色についても言える。「白」は象徴的にもっとも好ましい色であるのでヨーロッパ人以外の人種を別の色で表現すると、その人種はヨーロッパ人に比較して好ましくなくなる。西洋で東アジアの人々を「黄色い」と描写する場合、この色の象徴的な意味合いは「黒」ほど極端ではないにせよ、好ましくない場合がしばしばある。

英語には「イエロー・ジャック（伝染病隔離のための船に掲げられた旗）」、「イエロー・ジャーナリズム（事実に基づかずに大衆を扇動するような新聞記事をかくこと）」などの表現があり、フット・ボールの「イエロー・カード」は好ましくない行動を意味する。「ペリル（危険なもの、災難や騒動をおこすもの、厄介もの）」という単語を「イエロー」という東アジア人を意味する単語とを組み合わせた「イエロー・ペリル（黄禍）」はその最たるものである。

東アジア人といってもいろいろの人種、民族があるが、この表現の対象となった日本人、中国人はヨーロッパ人と同じように象牙色の皮膚かいろいろな種類の茶色、または赤銅色がほとんどである。人類学ではヨーロッパの人種を三種類に分類することがあるが、客観的に観察すれば、東アジア人のほとんどはその三種類のヨーロッパ人のうちの地中海系の人たち、つまりポルトガル、スペイン、イタリー、ギリシャなどの住民とほぼ同様な皮膚の色をしている。そしてこれらの人々の一部はほとんどの日本人よりはるかに「黒い」皮膚の色をしている。

しかしこれらの地中海系の人たちは通常「黄色い」と描写はされない。東アジア人の皮膚だけを「黄色い」と描写するのは誠に不合理である。正直に言って、筆者は「黄色」の皮膚というのはどのような皮膚なのかいまだに理解できないでいる。にもかかわらず、一部の日本人は自嘲的になり、自分たちは「黄色い」色の人種で「黄色人種」である、などと考えている。この背景にあるものは西洋の言うことをそっくりそのまま信じ、受け入れてしまう考えで、自分たちは「白人」ほど良くはないが「黒人」よりはましだ、と自嘲的に納得する心理である。

西洋文明の白と黄色の認識の柔軟性

多くの日本人と多くの西洋人が客観的に見て全く同じ皮膚の色をしているにもかかわらず、それを認めることを拒否し、「黄色」と「白」と分けてしまう狂信的な態度がある場合、一つ考えられる理由は西洋文明内での「白」という色の認識である。この章の始めにすでに述べたが、バーリンとケイの研究によれば、人類が最初に使い始めた色についての単語は「白」と「黒」で、これは「明るい色」と「暗い色」という二種類の認識を意味するものであった。したがって「白」

と言っても雪の白さではなく、明るいニュアンスの色すべてを含むものであった。そしてこの認識が現在でもそのまま残っているものと考えてよい。

オックスフォードの英語の歴史についての辞書を参照してみると、英語の「ホワイト」という形容詞が人種について使用された場合、「主としてヨーロッパ人の、またはヨーロッパ系の」という意味で、「明るい色が特徴」である、としている。そして「ホワイト」がこの意味で初めて使用されたのは一六〇四年である、とのことである。この辞書によると、古い英語では「ホワイト」という形容詞は「明るいまたは青白い色を指し、白に近いあらゆるニュアンスの色、特にはっきりしない、または青白い黄色」を意味する場合に用いられた、としている。

この定義は現在でもそのまま通用するものと思われる。例えば「白ワイン」といっても実際は「白」ではなく、黄色っぽい色である。北極にいる「白熊」もよく見ると白い毛皮ではなくうすい黄色をしている。この辞書で「ホワイト・ワイン」という項目を見ると、「明るい色をした透明なワインで青白い黄色から琥珀色をしたもの」となっている。

この説明でわかることは西洋文明で用いられる「白い」という形容詞の意味合いは大変柔軟なものである、という点である。つまり時と場合でまったく同じものが「白」になったり「黄色」になったりするわけである。これが人種主義に結びつくと、ヨーロッパ人と認識されればいくら皮膚が「黄色」でもそれは自動的に「白」になり、アジア人であると断定されれば皮膚がどれだ

郵 便 は が き

料金受取人払郵便

神田局承認

3865

差出有効期間
平成21年7月
31日まで

101−8791

507

東京都千代田区西神田
2-7-6 川合ビル
(株)花 伝 社 行

お名前《ふりがな》

お電話

ご住所（〒　　　　　　　　）
（送り先）

◎新しい読者をご紹介ください。

お名前

お電話

ご住所（〒　　　　　　　　）

愛読者カード

このたびは小社の本をお買い上げ頂き、ありがとうございます。今後の企画の参考とさせて頂きますのでお手数ですが、ご記入の上お送り下さい。

書名

本書についてのご感想をお聞かせ下さい。また、今後の出版物についてのご意見などを、お寄せ下さい。

◎購読注文書◎

ご注文日　　年　　月　　日

書　　名	冊　数

代金は本の発送の際、振替用紙を同封いたしますので、それでお支払い下さい。
（3冊以上送料無料）

おご注文は　FAX　03-3239-8272　または

メール kadensha@muf.biglobe.ne.jp　でも受け付けております。

け「白」でもやはり自動的に「黄色」になってしまう、ということになる。

チェロの歴史上で忘れることのできない大チェリストのパブロ・カザルスに直接会ったあるヨーロッパ人の描写によれば、カザルスは「黄色の肌」をしていたそうである。しかし西洋文明の理屈によれば、「黄色の肌」をしていることはそっくりそのまま「黄色人種」に属することにはならない。カザルスはカタロニア人であり、カタロニア人はヨーロッパ人の一種である。したがってカザルスはあくまでも「白色人種」に属する、という理屈なのである。

第五章　なぜ人種主義が必要になったのか

ヨーロッパは古くからアジアやアフリカと接触し交流があった。従ってヨーロッパ人以外の人種や民族とも交易し交流していたが、それと共に憎みあい、殺しあいの関係になる場合もしばしばあった。しかしこの問題はヨーロッパ人同士の間でも起こっていたことで、アジアやアフリカの人たちと争うからといって、そのためにヨーロッパ人を相手に争う場合に比べて特別に相手を憎んだり残虐に殺したりということにはならなかった。敵を嫌い、憎んだのは相手が敵であったためで、相手の人種のために特別なことにはならなかったのである。

これは現代史の感覚では多少理解しにくいかもしれないが、別の表現を用いると、過去においてはどの敵に対しても一様に残虐であったと言える。例えば、古代地中海の文化でいわば常識的に実行されていたことは、敵を何人殺害したかという記録を残すために敵側の死者のどちらか一方の手や性器を切り取り、それを数えていた。この方法は敵の人種や民族などとは無関係に実行されていた。古代エジプトの壁画などを見ると、この記録が今でも生々しく観察される。

人種意識のなかった古代ギリシャとローマ帝国

現在の西洋文明で見られる形での人種主義というものが過去に存在していなかったのは歴史を振り返ってみれば理解できる。例えば古代ペルシャ人は一時大帝国を誇り、現在トルコと呼ばれるアナトリアの地域までをその勢力圏に入れていた。したがってペルシャは古代ギリシャとは目と鼻の先にあり、おたがいに睨み合いの関係にあった。そのため古代ギリシャ人と古代ペルシャ人はマラソンの合戦などの戦争をしている。しかし憎みあいの関係にあり戦争をしても、どちらの側もそこに人種主義を持ち込むことはしなかった。ローマ帝国もペルシャと敵対関係にあった。しかしこの場合にも憎みあい、殺しあいこそしたものの、それは人種主義にもとづくものではなかった。単に敵であるために憎み、殺したのであり、人種が違うために憎み、殺したのではなかった。

これは第三者の立場から見ても容易に理解できる。古代ギリシャ人と古代ローマ人の子孫、つまり現在の南ヨーロッパ人と、古代ペルシャ人の子孫、つまり現在のイラン人の皮膚の色を見ると大体同じようであるし、顔つきもそれほど違わない。多くの人はどちらにも分類できる。人類学的に表現すればどちらも広い意味での「コウカソイド」に属する。しかしこれを現代西洋文明の感覚で見ると、結果はまったく異なる。南ヨーロッパ人はどれだけ皮膚に色素が多くても「白」であり、イラン人はどれだけ皮膚の色素が少なくてもイラン人であるかぎり「白」とは見なされない。マス・メディア式の表現ではイラン人は「茶色」なのである。

フン族に対するローマ帝国の反応

ヨーロッパの記録によればフン族は四世紀にドナウ河流域に現れた。どこからやってきたのかは不明であるが、一説によれば中国を脅かしていた北匈奴であるとも言われている。人種的にも不明であるがヨーロッパ人ではなかったことはほぼ確実で、モンゴル系かトルコ系の民族であった可能性が高い。これも現代西洋文明の感覚で表現すれば「黄色」か「茶色」の民族ということになる。しかし当時の感覚はまったく異なる。

当時のヨーロッパはローマ帝国の天下であったが、現実には東と西の二つのローマ帝国が存在していた。フン族に侵略された東ローマ帝国は貢物を送ったりして被害をできるだけ少なく食い止めることをしていた。一方、西ローマ帝国の皇帝マルシアナスの妹オノリアは一身上の問題を避けるため、フン族の王、アッティラに歴史上有名な手紙を書き、私と結婚すれば西ローマ帝国はあなたのもの、と伝えたのである。

いくらフン族が強いといっても所詮東のほうから侵入してきた野蛮な敵である。人種も違っていたのであるから、現代西洋文明の感覚で見ればオノリアは極度の人種的嫌悪感を抱き、徹底的に憎むであろう。しかしオノリアは政略的な理由があったとはいえ、結婚しましょうと言い出したのである。昔の人はおおらかであった、と言うべきであろうか。真珠湾攻撃をした日本の山本五十六聯合艦隊司令長官に、ハワイ又はアメリカ本土で高い地位にあるアメリカ人女性が結婚しましょう、と言ったようなものである。人種主義万歳の二〇世紀のアメリカではまったく考えることができない昔の物語である。

ヨーロッパ、特にロシアはこの後も東から押し寄せてくるモンゴル人、タタール人、トルコ人などに何度も侵略され、強奪され、町を焼き払われ、大量殺戮をされ、といった被害を受けている。当然の結果として被害を受けたヨーロッパ人やロシア人たちはこれらの侵略者を憎み、嫌った。しかしいくら嫌って憎んでも、それを人種主義の形では表現していなかったのは大変注目すべき点である。つまり皮膚の色、目鼻立ちなどを特にとりあげ、それを醜いとかいやだなどとは表現していなかった。これは現代西洋文明と特に対比する点である。

ローマ帝国の歴史家プリスカスは四四八年にアッティラに直接会っており、アッティラがどのような人物であったかを記録に残している。それによるとアッティラは背が低く、胸幅が広く、頭は大きく、目は小さく、白髪まじりの髭はあまり生えてなく、鼻は平たく、肌は浅黒かった、とある。この描写から推察するとアッティラはモンゴル系の人間であった可能性が高いが肌が黄色かったなどとは書いていない。この描写は客観的であり、人種的な嫌悪感などは示していない。

異人種に対するモンゴル人とロシア人の態度

歴史上の過去においては東洋でも西洋でも現在のような人種主義にもとづいた人種意識、人種差別はなかった。チンギス・ハーンの定義するモンゴル人とは「価値のある人間」、「立派な人間」のことで、このような人間ならモンゴル人と見なされていた。つまり人種的、民族的背景に関係なく、理論的には誰でもモンゴル人になれたわけである。マルコ・ポーロはフブライ・ハーンの宮廷に登用され高級官僚になったとされているが、これがもし事実とすればモンゴル人の考え方をよく示したものと言える。このような人種意識の欠如がユーラシア大陸の民族の歴史でしばしば遭遇する民族定義の不明確さの原因である。ロシア人がアジアから押しかけてくるいろいろな民族を細かく区分せず、すべて「タタール」と呼んでいたのも現在の世界で見られるような人種意識がなかったため、と見なすのが最も適切な解釈である。

それを実証するような有名な例もある。アレキサンドル・プーシキンは由緒ある家柄のロシア貴族が父であったが、母親の祖父はエチオピア人の奴隷であった。彼はピョートル大帝に寵愛されたとのことであるが、とにかくアフリカ奴隷である。このような人種的背景をもった人物がロシアを代表する大文学者と尊敬され、ロシア文学最高の詩人とまで言われている。アメリカではとても考えられないことである。

異人種に対する日本人の態度

日本にも似たような話がある。織田信長の家臣に弥介という人物がいた。元来は宣教師アレッサンドロ・ヴァリニャーノに仕えていたアフリカ奴隷で、現在のモザンビークの地域の出身者であるとも言われている。一五八一年にヴァリニャーノが信長に謁見した折に同席したため、信長はその皮膚の色が異常であることに気がつき、最初は皮膚を黒く塗っているものと思ったそうである。しかしいくら洗っても黒いままなので信長はそのような人種が存在することを初めて知った。信長が大変興味を示したのでヴァリニャーノはこの奴隷を信長に献上し、信長は弥介という名を与えて家臣としたそうである。本能寺の変で弥介は捕らえられたが明智光秀はこれは人間ではないと判断して殺さず、インドへ追放したと言われている。

この話からでも判断できるように、現在の西洋文明に存在するような人種主義というものは日本には存在しなかった。これはその後徳川幕府になっても同様である。ウイリアム・アダムス（一五六四―一六二〇）はイギリスの水先案内人であったが乗っていたリーフデ号が遭難したため豊後の臼杵に漂着し、その後徳川家康の外交顧問となり、何と二五〇石取りの旗本になっている。日本名を三浦按針と名乗ったことはよく知られている。

同じリーフデ号で遭難し、家康の信任をうけたヨーロッパ人にヤン・ヨーステン（一五五六？―一六二三）がいる。東京駅八重洲口のあの八重洲の語源の人物として知られている。これは名で姓はローデンスタインであった。ウイリアム・アダムスもヤン・ヨーステンも日本人と結婚をしている。アフリカ人であろうがヨーロッパ人であろうが、比較的に抵抗感なしに受け入れてしまったのが昔の日本である。

二〇世紀にもおもしろい話がある。一五世市村羽左衛門（一八七四―一九四五）といえば大正から昭和初期の歌舞伎界で一世を風靡した白塗りの二枚目役者であった。当たり役は「切られ与三」、「助六」、『勧進帳』の「富樫」などであったが、何よりも江戸前の男ぶりで人気を博した。生前からの噂で知られてはいたが、死後公表されたところによると、羽左衛門の父親は何と南北戦争で活躍したフランス系アメリカ人ル・ジャンドル将軍であったとのことである。アフリカ系の先祖を持ったプーシキンがロシア文学の心を表す最高の詩人とされたように、フランス系アメリカ人を父とする羽左衛門が、これよりうまく表現できる人はいないと言われるほどの江戸前の男ぶりを舞台で見せていたのである。ことに「助六」の役で花道で見得をきるところなどは彼の最高の見せ場であった。封鎖的とされる歌舞伎の世界でこのようなことがあるのは大変興味深い。

フランソワ・ベルニエの人類の分類

学術的な立場から世界の人種について書かれた西洋で最初の研究として、一六八四年に学術雑誌になぜか匿名で発表されたフランソワ・ベルニエの論文が知られている。この論文の中でベルニエは人類を四種類の人種に分類している。一種類目はモスクワ周辺の一部を除いたヨーロッパのほとんど、現在のモロッコ、アルジェリア、チュニジア、トリポリ、アラビア、ペルシャ、インド、シャム、スマトラ、ボルネオ、そしてアメリカ大陸の原住民、二種類目は地中海沿岸を除いたアフリカ全体の原住民、三種類目はシャム、スマトラ、ボルネオの一部、フィリピン、日本、中国、グルジア、モスクワ周辺、ウズベック、トルキスタン、ザクエタイ、小タタール、ユーフラテスの沿岸に住む小タタールとトルコマンの人々、最後に四種類目はスカンジナビアに住むラップ人、とのことである。

この分類で明らかなように、ベルニエの分類の根拠は人々の地球上の分布にもとづいており、人種を皮膚の色によって分類していない。これはＤＮＡを強調する現在の分子生物学の考え方に驚くほど似ている。そしてこの論文で特に注目すべき点は日本人を含めた三番目の人種の皮膚の色を「完全に白い」と描写していることである。ヨーロッパ人を含む一番目の人種の皮膚の色は単に「明るい色」としていて、エジプト人やインド人は大変黒いか赤銅色をしているが、それは常に太陽にさらされているためである、と注意書きを加えている。

人種に色を割り当てる分類の始まり

一七五八年に出版されたカール・フォン・リンネの『自然の体系第十版』では、ベルニエの場合と同じように、人種の分類は原則的には地球上の分布にもとづいてはいるものの、それぞれの人種に異なった色を割り当てている。つまりアメリカは赤、ヨーロッパは白、アジアは黄色、アフリカは黒、となっている。そしてこれはおそらく世界の人種に色を割り当てた最初の学術的な研究であろう。リンネはこの他に野生人（四足で歩き、口をきかず、毛が多い人種）と怪物人（パタゴニアの巨人と変種した人間）という二つの人種も認識しており、合計六種類の人種となっている。

動植物の分類学を考えついたリンネはウプサラ大学の植物学の教授であったが、リンネの弟子でリンネの後を引き継いで同じ植物学の教授になったカール・ピーター・トゥンベリという人物がいる。トゥンベリはスウェーデン人であったにもかかわらず、国籍をごまかしてオランダ人と称し、鎖国中の日本に入国して一七七五年から七六年にわたって日本の植物を収集した。鎖国中の日本で各地に移動したために、当然ながら常に役人に見張りをされていたとのことであるが、これは多くの日本人を直接見る体験にもなり、その感想を本に述べている。それによると日本人の肌の色は「黄色っぽいが茶色の場合もあり、白い場合もある」としている。ベルニエとリンネの中間をゆくような描写である。

一七七五年にゲッチンゲン大学医学部で受理されたヨハン・フリードリッヒ・ブルーメンバッハの博士論文は世界の人種を色の用語を用いて表現している。これはリンネの分類の最初の四種類を原則的に継承しているが、アジアの人種を二種類に分け、アジアのほとんどの人種とマラヤの人種とし、全部で五つの人種となっている。リンネの野生人と怪物人は除外されてしまった。この研究は人類学の歴史上大変影響力のあるものとなり、その後に出版された人類学の教科書はほとんど例外なく、また言語の相違に関係なく、人種を色の用語を用いて表現している。そしてこれは現在でも見られる現象である。

西洋の人種主義の台頭

ベルニエの論文が発表された一六八四年とリンネの本が出版された一七五八年との間に七四年の年月が経過しているが、この七四年間に西洋でなにか社会的思想的変化が起こったのではないか、と推測することができる。あくまでも推測であるが、一つ考えられることは西洋の侵略主義と植民主義の発達と拡大である。一六八四年以前にすでに始まっていた西洋の南北アメリカの侵略と植民地化は成功し、この時点では確立している。イギリス、デンマーク、オランダ、フランス、スウェーデン各国の東インド会社はこの七四年の間に積極的に活動している。イギリスの植民地侵略と拡大は一七五〇年代から本格化し、ロバート・クライブが一七五八年にインドの支配者となっている。西洋は傲慢になり、これにもとづいた人種主義が明確になったものと推定できる。

このような歴史的事実を考えると、一六八四年に東アジア人の皮膚を「白い」と表現していたのが一七五八年にはいつのまにか「黄色」になり、更にブルーメンバッハの時点からなぜ人類学の教科書が一貫して人種を色の用語を用いて表現しているのか理解できる。人類学と呼ばれるもっともらしく見える研究分野の出発点はイギリスでは植民地管理のため、アメリカではインディアン管理のための御用学問であったと言っても言いすぎではなかった。そしてこの傾向は西洋だけではなく、日本の人類学の初期も台湾の先住民高砂族の支配と管理といった性質のものであった。

現在ロンドンのロイヤル・アルバート・ホールで毎年行われるプロムナード・コンサートの最

終日には「ルール・ブリタニア」が聴衆が参加して必ず歌われる。この歌は一七四〇年にトーマス・アーネによって作曲されたもので、「英国人は奴隷にならない」と繰り返す歌詞がついている。しかし「英国人は奴隷制度に反対する」とか「英国人は奴隷を持たない」などとは述べていない。つまり「ルール・ブリタニア」が言わんとしている点は「大英帝国」はヨーロッパの他の植民国に負けないで世界を支配する、という意味なのであり、「大英帝国」を築き上げようとするイギリス人の侵略主義、植民主義の哲学を歌ったものなのである。以前プロムナード・コンサートにしばしば出演していたある指揮者は、最近はプロムナード・コンサートにはまったく現われなくなった。うわさによれば、「ルール・ブリタニア」をプロムナード・コンサートで演奏すべきでないと反対したため、と言われている。筆者は真偽のほどはまったく知らないが、ありうる話である。

人種を色で表現するのは現代西洋の戦略

このように西洋文明を思想史の観点から考察してみると、西洋の侵略主義と植民主義の進歩発展と共に西洋で人種を色の用語を用いて表現するようになった、と見なすことが可能である。

アジア人を「黄色い」と表現し始めたのはヨーロッパがアジアに比べて軍事的技術的に優勢に

なった後で、ドイツの皇帝ヴィルヘルム二世の発言が有名である。ヨーロッパ諸国が世界を侵略し植民地を形成してゆくのに適当な政治思想として人種主義が発生し、自分たちを「良い、正しい、美しい、優れた、最も進歩した」人種とし、侵略し、植民地とする世界各地の人種たちはこれと正反対の「悪い、よこしまな、醜い、劣った、遅れた」と見なし、これを色で象徴したのが西洋の考え出した人種主義であった。

この西洋の人種主義が客観的事実に基づいていない、単なる政治思想であることは日本の歴史を振り返ってみても容易に理解できる。一六世紀にポルトガル人やスペイン人たちが日本にやってきたとき、我々日本人の先祖は彼らを「白人」などとは表現せず、「南蛮人」と呼んでいた。これは勿論中国の中華思想を日本式にしたもので、この表現が好ましいかどうかは別問題として、当時の日本人にとって「白人」などという表現は考えつきもしなかった、というのが真相である。なによりも彼らは白い肌の人間などには見えなかった。鎖国中の日本にペリーの艦隊が現われて日本を徹底的に威嚇し脅迫した時にも、一九世紀半ばの日本人はこれらのアメリカ人たちを「外国人」とか「異人」と呼んでいた。元来の日本人の感覚、日本語の表現からすれば西洋人は「白い」などとは認識されなかったのである。

西洋の人種主義は大変効果的である。世界の人種を色で描写することによって西洋はその侵略主義と植民主義を正当化してしまったのである。残念なことに西洋の人種主義に反発した二〇世紀始め以来の日本の政治家、政治思想家、報道関係者も人種を色で表現する方法をそのまま用いて「白色人種対有色人種」などという誤った考え方をしたのであった。この方法は物理的な光の波の現象としての色を人種にあてはめているわけで、人種を色で表現するのは事実の歪曲である、色は価値観を含んでいて良い悪い、優れた劣った、などの意味合いを持つ、などの理由で断固として非難し拒否しなければならない。しかし自らをヨーロッパ人ではなく「白い」人と呼ぶことによって、ヨーロッパ人たちはあたかも自分たちが本当の先住民のように見せかけ、植民地が独立後もそこに居残り、自分たちの存在を合法化し正当化している。

ヨーロッパ人であることを考えたくないヨーロッパ人

人類を動物の種として考えた場合、人種は動物学者のいうところの亜種または変種であり、種の中での多様性を示しているものである。すべての種について言えることであるが、種の中の多様性はその種が絶滅せずに生き残ってゆくために必要不可欠であり、別の表現を用いれば人種が存在するおかげで人類はその生存の可能性を高めているわけである。

生物学的に考えた場合、亜種、変種は地理的環境的な概念であり、原則としてある人種はある特定の地理的条件と深く関連している。ヨーロッパ人は長い間原則的にヨーロッパに生きてきた集団のＤＮＡをもった人間であり、その意味ではヨーロッパ人は世界中どこに行っても他の人種のＤＮＡとの交流がないかぎり常にヨーロッパ人である。勿論長期的には突然変異が起こり人種的に変化をする可能性があるが、一六世紀以来世界各地に進出したヨーロッパ人の場合にはまだそれだけの時間を経ていない。したがって南北中央アメリカ、オーストラリア、ニュージーランド、アフリカなどに現存するヨーロッパ人またはヨーロッパ人の子孫たちはヨーロッパ人である。

この明白な事実にもかかわらず、これらのヨーロッパ人は自分たちをヨーロッパ人とは呼びたがらない。それには尤もな理由がある。人間はよほどのことがない限り、生まれた土地を離れることはしない。勿論長い人類の歴史上、人類は民族大移動などの名称で呼ばれるように絶えず大規模の移住をしている。その理由はほとんどの場合他の民族の侵略を受けて争いに負けたためであるとか、飢餓、貧困などのやむにやまれぬ理由により生まれた土地を離れたためである。一六世紀以来のヨーロッパからの移住にはこの他に宗教的、民族的、政治的迫害のためという理由もあった。アメリカやオーストラリアへの移住者の一部が処罰される罪人であったことは広く知られている。

惨めな過去を否定する解決策としての「白い人」信条

このようにヨーロッパ以外の地域に現存するヨーロッパ人の過去には誇りにできることは何もない。惨めな歴史のみである。これではとても自らをヨーロッパ人と呼ぶ気にならないのは理解できる。しかしこのような哀れな過去を巧みに忘れ去るすばらしい方法があった。それは自分たちを「白い人」と呼ぶ方法である。これによって、少なくとも三つの望ましい効果を生み出すことができる。

第一に、自分たちを「ヨーロッパ人」ではなく「白い人」と呼ぶことによって、現実にはヨーロッパ人ではなく別の種類の人間であるかのような意識を持つようになる。それと共にヨーロッパからやってきた惨めなヨーロッパ人であることを忘れることもできる。これはイングランド人に対するアイルランド人、北西ヨーロッパ人に対する南、東ヨーロッパ人、ヨーロッパ人全般に対するユダヤ人のように、ヨーロッパでばかにされていた人たちにはすばらしい効果をもたらし、新天地に来たことによってその地位が飛躍的に向上することになった。

第二に、言葉の魔術によって「白い人」は先住民に比較して優れ、正しく、美しく、知能水準が高く、すばらしい人たちなのである、と信ずるようになる。この「白い」人たち対先住民たち、の心理操作は先住民をだまし、土地を侵略したり強奪してその正当性を主張する根拠となった。侵略者と先住民の争いは良い人と悪い人、優れた人と劣った人、知能の高い人とばかな人、美しい人と醜い人、という意識にすりかえられてしまったのである。事実、先住民たちは人種的に劣っているのだから優れた人種が劣った人種を滅ぼすのは正しいことであるとか、先住民は一見人間のように見えるが実際には人間ではない、従って人間ではない動物を殺すのは悪いことではない、などという議論が堂々と通用し、場合によってはこれは宗教的にも支持されていた。とくにダーウィンの進化論が発表された一九世紀半ば以後は世界を弱肉強食の観点から理解するのが正当化され、侵略主義、植民主義を容認するどころか奨励する議論さえ現れたのが西洋諸国の歴史であった。

第三に、自分たちを「ヨーロッパ人」ではなく「白い人」と呼ぶことによって、自分たちが侵略者、移住者ではなく本来の土地の人間であるような錯覚をおこすようにまでなる。その土地の正当な人間である、土地の本来の人間である、と信ずるために断固として他の侵略者、侵入者、移民を阻止し、他の人種に対して戦わなければならない、という議論も出現し、これが政治思想にまで発展しこれに基づいた政党まで出現するようになる。これがオーストラリアのいわゆる「白豪主義」であり、その現代版「ワン・ネーション」党であり、アメリカのクー・クラックス・クランであり、南アメリカのアパルトヘイトの人種主義者の思想である。これこそ滑稽な段階にまで達した西洋のエゴイズムの最たるものである。

西洋から見た日本人——コウナーの考え

イスラエルのハイファ大学東アジア学科のロテム・コウナー教授は、西洋の日本人観が時代に従ってどのように変化したかについて大変学術的で興味のある論文を発表している。彼は、いくら科学的であると主張しても、西洋の日本人に対する態度はある特定な時点での政治的、道徳的な事情で決まってしまう、という立場を示している。これは本書に述べられている筆者の考えとまったく同一である。(但し筆者が主張する「白」と「黒」の善悪感とその人種主義への関連性についてはコウナーは一切述べていない。)それを具体的に示すためにこの論文の要点をごく簡単に説明したい。コウナーは次のように述べている。

日本と西洋が接触を始めた初期の時点、つまり一六、一七世紀では、日本にやってきた西洋人は、日本人と西洋人との人種的相違などというものに関心がなく、日本人の人種的な起源などにも興味をもっていなかった。(これは筆者がこの章の始めに述べた点である。)この傾向は一九世紀になっても残っており、黒船でやってきたペリーの場合でも同様であり、日本人の人種的特徴などというものは記録に残していない。同じ頃日本にやってきたイギリス人、ロウレンス・オリファントも人種的な記述はしていない。

その後日本と中国との違いに注目する傾向が現われ始めた。これは中国が没落し、日本が新興国として国際的に注目を集めるようになったのと関連しているものと思われる。西洋は中国に対しては好意的ではなくなり、その代わりに日本が好意的な眼で見られるようになった。急速な産業化、工業化の結果、日本は西洋のようだ、西洋に似ている国だ、と判断され始めたのである。

この結果、西洋人は日本人と中国人の人種的な相違も強調するようになった。つまり人種的にも日本人は西洋人に近い、と意識し始めたのである。例えば一九世紀半ばにイギリス女王の中国での特別高等弁務官であったグロス男爵は、「我々と同じくらい白い肌をしている日本人は、黄色である漢人の子孫ではありえない」と述べている。チャールス・エデンは一八七七年にロンドンで出版された本の中で、日本人の皮膚の色は中国人の黄色の皮膚とは全く異なっている、と書いている。ドイツのマルブルグ大学の地理学の教授であったヨハン・レインは一八八〇年に出版された本の中で、日本人は「全般的に見るとコーカサス人（ヨーロッパ人を指す）よりはるかに色が黒いが、時にはゲルマン系の人間より色の白い」場合もある、としている。レインは、ハンサムなヨーロッパ人のような印象を与える日本人もいる、としている。

日本人はヨーロッパ人に似ている、と描写している場合さえ現われるようになった。一八五二年に出版された『日本』と題された本の中で、チャールス・マックファーランは、日本のある地域では「平民でも、我々の衣服を着せてみたらポルトガル人、南イタリア人、またはシシリア人と見間違えるかもしれない、上流階級や古い家系の人々の中には、背が高く非常に好男子で、アジア人というよりは、ヨーロッパ人のような人がいる」と書いている。更には日本人はユダヤ人に似ているという説さえ現れた。

日本人を上下の二種類の階級に分類し、上流階級はヨーロッパ人に似ている、という考えも古くから存在し、一七二七年に出版されたエンゲルベルト・ケンペルの著書に述べられている。スウェーデン人のカール・ピーター・トゥンベリは一八世紀終わりに出版された本の中で、日本の「上流階級の女性は身体を覆わずに外出することがほとんどないため真っ白である」と書いている。

西洋のこのような日本人観はドイツの皇帝ヴィルヘルム二世の「黄禍論」の頃から急変してしまった。日本人は中国人とは違うのだ、という考えは消えてなくなり、日本人も中国人も同じ穴のむじな、つまり日本人も中国人と同様「黄色い」人種になってしまったのである。一九〇四年に出版されたエドワード・B・タイラーの本は最初の人類学の教科書として広く知られているが、この中では日本人も中国人も一緒に分類され、「茶色っぽい黄色」の肌と描写されるようになった。

「黄禍論」の表現方法は以外な展開を示し始めた。アイヌ人は「白色人種」とされ、「黄色人種」である日本人に征服されてしまった、ヨーロッパ人もアイヌ人と同じ運命をたどる危険が目の前にせまっている、という議論がアメリカの人類学者フレデリック・スターによってなされた。スターはそれを実証するために九人のアイヌ人を一九〇四年のセントルイスの博覧会に連れてきてアメリカ人に観察させたのであった。

以上が三〇ページ近くのコウナーの論文の要約である。筆者の考えとほとんど同じであるので本書の各所に引用すると読者が混同してしまう危険性がある。それを避けるために特にここに「西洋から見た日本人――コウナーの考え」という項目のもとにご紹介するわけである。

なお私事で大変恐縮であるが、日本人の肌の色の思想史的な研究については、英語の学術書や研究論文を最も発表しているのは、筆者の知る限りでは世界中で筆者とコウナー教授である。コウナー教授がこの種の研究を継続するためにイスラエル科学財団に研究費の申請をしたところ、イスラエル科学財団は筆者にこの申請を認めるかどうかの判定を依頼してきた。山積している国内、国外の政治的、社会的な問題を一切排除し、この点だけを考慮すれば、科学的な客観性と厳正さの観点からイスラエルはすばらしい国である。国籍その他は問題にせず、世界で最適任者に判断を依頼するのである。このようなことを学歴や人脈であいまいにしてしまう日本の学界は大いに見習っていただきたい。

第六章　西洋文明のホンネとタテマエ

一つの文化は数多くの考えや意見を内蔵している。しかしある特定の文化を取り上げてみた場合、その中に見出される考えや意見がすべての点で具合よく噛み合って両立しているという保証はない。これは人間の心理が多様であるためである。いくら同じ文化に属する人たちであるといっても、ある特定の人間が別の人間とすべての点でまったく同じように考え、反応し、行動する、という結果になるとは限らず、これは現実に観察できる。親子、兄弟の間の意見の対立、職場での葛藤、政治的な争いなどは常に存在する。これは一見望ましくないように見えるかもしれないが、別の観点から考えると、人間の多様性を保持するという意味でのぞましいことであるとも言える。

文明は大変複雑な文化である。しかも多くの場合、一つの文明は大いに異なるいくつかの文化で成り立っている。そのために文明の場合には、思想的な対立や葛藤は簡単な文化の場合よりより明確に存在する可能性が高く、事実これは切実な社会問題となることが多い。簡単な文化でも複雑な文明でも、その中の人間はお互いに相いれない、異なった思想や観点の共存に常にさらされて毎日生きているわけで、これは矛盾や対立のない理想郷の世界などとは程遠い。これこそが文化、文明の現実であり、これが文化、文明の存続と変革を理解する鍵である。

日本では「ホンネ」と「タテマエ」という表現があり、これは我々の日常生活であたりまえのように使用される。企業でも政治の世界でも、またごく当たり前の親戚関係、友人関係でもホンネとタテマエはたえず現われて、我々は時と場合に応じてできるだけ適切な判断をし、行動する。このいわば二枚舌を使うことは、正直に言って人間誰でも多かれ少なかれやっていることである。そして日本だけではなく、これはどの国、文化、文明でも見られることと言って間違いない。西洋文明も例外ではない。

西洋文明の二枚舌

西洋文明の場合、タテマエは「自由、平等、民主主義」である。これは啓蒙思想に始まり、アメリカの独立戦争やフランス革命などと言う大変革をもたらした社会思想であり政治思想でもある。このタテマエは表向きには現在の欧米各国、ヨーロッパ連合、さらには国連などの多くの国際機関の哲学でもある。西洋文明が圧倒的な支配をする現在の世界では、この哲学を受け入れないと決めつけられるイスラムの国々、ロシア、中国などは非難されることが多く、日本でもこのタテマエを絶対的なものと信じている「文化人」たちは日本を西洋文明のタテマエの観点から非難する。男女平等、人種差別反対、難民受け入れ、永住権を持った外国人に選挙権を与えること、などがしばしば取り上げられる。

西洋文明のホンネは実は「自由、平等、民主主義」とは正反対のもので、それは「侵略主義、植民主義、人種主義」である。一六世紀の始めからさかんになった西洋文明の拡大主義はポルトガル、スペイン、イギリス、フランス、オランダなどの各国による世界侵略となり、南北中央アメリカ、大洋州、アフリカ、アジアなどを軍事力をもって侵略し、うむを言わせずに植民地とし、ヨーロッパの飢えて貧しい過剰人口を送りこんでしまった。そしてアフリカやアメリカの原住民を奴隷としてしまった。すでに述べられたように、これを正当化するために人種主義の思想が用いられたのである。

この「侵略主義、植民主義、人種主義」のホンネは時代が変わるにつれて多少変化はしているが、その本質は今でもほとんど変化していない。確かに一六世紀にさかんに見られた、ヨーロッパ以外の世界各地に進出し、軍事力で土地を奪い、そこに植民地を形成することは二一世紀の世界では見られない。それもそのはずで、簡単に強奪できる土地はすべて強奪され、それ以外の土地は一応国際的に認められた独立国のものである。強奪しようとすれば相当の軍事的反発が予想され、国際的にも非難される可能性が高く、あまりうまみはない。打算的に考えて相当の利益が保証されなければできない。

アメリカはこのような条件を考慮に入れた上で、「核兵器、生物学的、化学的兵器を所有しているイラクは危険である」と主張し、イラクを侵略したが、そのような兵器は全く発見できず、しかも内乱の連続になってしまい、侵略は共和党政権の命取りになってしまった。侵略ができるのはチベットのように軍事力がなく、抵抗できない国ぐらいであるが、チベットはすでに中国が侵略し植民地としてしまった。中国は水不足のためヒマラヤの水が欲しく、非難を覚悟の上でチベットを植民地とし、現在では水を導く長い水路を建設する準備をしている。

侵略主義、植民主義、人種主義の過去を謝罪しない西洋

もし二一世紀始めの西洋が、過去に侵略主義を実行したのは誤りであったと考えるならば、まず侵略された人種や民族にはっきりと謝罪すべきであろう。二〇〇一年の九月に、南アフリカのダーバンで人種主義に反対する世界会議が開かれた。この席上で、西洋が奴隷制度を実行したこ

とを謝罪することが検討されたが、アメリカはこれに不満をいだき、イスラエルと共に退場してしまった。アメリカはアフリカ系のコリン・パウエル国務長官が代表であったが、おそらく国としてのアメリカの立場を明確にする必要にせまられたためと思われる。ヨーロッパの国々がヨーロッパ連合の立場で謝罪をすることを検討しようとしたところ、ポルトガル、スペイン、イギリス、オランダが反対し、結局謝罪声明はなかった。

つまり過去のことは過去のこと、現在話題にしてどうこうと言うべきものではない、という態度なのである。そしてもし西洋が過去の侵略に対し襟を正す、というのであれば、最も適切な方法は自らを「白人」と呼んであたかも原住民の一種のような大きな顔をしているヨーロッパ系の人々が土地を本当の原住民に返し、すべてヨーロッパに帰るべきであろう。あたかも侵略がなかったように我関せず、といった生き方をしているのは事実上侵略を認め、公認し、それを恥じないことである。その意味では西洋文明の侵略主義は現在でも昔のままに存在していると明言できる。

現在でも行われている西洋の植民主義

西洋文明の植民主義も現在でも明らかに存在し盛んに活動している。筆者がこのようなことを書くと読者は以外に感じられるかも知れない。しかし現実に直面していただきたい。一五一七年にヨーロッパで宗教革命が起こり、それまで圧倒的で独裁的な支配を誇ってきたカトリック教会は切実な危機感を感じ、これに反発して布教活動を始めるようになった。市場独占の安泰に満足していた大企業に強力な競争相手が現われ、これではいけないと宣伝活動を始めたようなものである。中でもイエズス会は軍隊の組織を模した絶対的な上下関係を基礎とし、アメリカ大陸やアジアに多くの宣教師を送りこんだ。日本もその対象となったのである。そしてイエズス会の宣教活動が植民地化の意図と密接な関係にあったことは現在では学問的に見て確かであるとされている。

日本にやってきたイエズス会の宣教師たちはカトリック信者の増大をはかるため教育を重視し、学校を建てた。現在の日本でキリスト教の学校は多いが、その多くはカトリック系で、その一部はイエズス会設立のものである。日本ではこれらの学校は一般に「ミッション・スクール」と呼ばれているが、日本人はこの「ミッション」という言葉が何を意味するのか知っているのであろうか。「ミッション」とは天命とでも言うか、何か絶対的な使命を意味する。したがってイエズス会の場合「ミッション・スクール」とは神道、仏教、イスラム、ユダヤ教などの他の宗教は勿論、プロテスタントも他のカトリックの会派も拒否し、イエズス会の教えだけを唯一絶対の宗教として教え込むという使命を持って教育する学校というのが本来の意味である。

現在の日本に存在するこれらの「ミッション・スクール」では強制的に改宗はさせないし、どの宗教を信じてもよいことになってはいるが、その根本的信条は昔のままである。したがって進化論などにも否定的な場合が多い。当然の結果として「ミッション・スクール」で勉強すれば、それ相応の影響を受け、イエズス会の教えを受け入れる可能性も高くなる。

商品を市場に送りこみ、できるだけシェアを増やして売上をのばすという企業間の競争とは違い、異なった宗教の場合には客観的な比較がむずかしい。しかし過去のこととはいえ、奴隷売買を公認していたばかりか、自らも奴隷を所有していたカトリックの教会や、プロテスタントとカトリックの間で憎みあい、殺しあいの関係をしていたキリスト教そのものが仏教や神道より優れていて好ましい宗教と主張するのはどう考えても無理である。

にもかかわらず、他の宗教からキリスト教に改宗させようと独善的に考えるのはやはり文明の植民主義と言える。正統派のキリスト教ではないという議論もなりたつが、モルモン教、エホバの証人、などは盛んにキリスト教の宣教活動をしており、場合によってはしつこくつきまとわれる。そして日本にやってきた狂信的キリスト教のセクトが「改宗しなければ地獄にゆく」などという内容の騒音公害を駅前広場で、特にクリスマス前後に実行するのは他人迷惑である。迷惑文明のいやらしさを具体的に示している。

途上国からの養子は人身売買

現代西洋文明のタテマエにしたがった、一見すばらしい行為に見える場合でも実はホンネの行動であると解釈できる場合もある。人種間の平等を謳い始めた西洋、特に西ヨーロッパでは、アジア、南アメリカ、アフリカなどから養子をもらうことがそれほど珍しいことではなくなってきた。養子になる子供は発展途上国からの場合がほとんどである。このような国際間、人種間の養子縁組は、すべての人種を等しく評価する観点から、そして途上国の貧しい子供に先進国の豊かな生活をさせることができるから、などというタテマエを持ち出すことができる。しかしここには三つの問題点がある。

第一に、養子になる子供の人間としての尊厳などは無視されている。子供のない夫婦が、または子供があっても経済的に余裕がある夫婦が自分たちの子供のほかに途上国の子供を養子にする場合、すべての判断が主観的である。夫婦二人の意見と希望しか考えに入れておらず、本人である子供の意思は無視されている。養子にする場合、子供は生後まもなくの時点から数年程度であり、これでは法的に考えて本人の意思などというものは存在しない。子供がある程度口をきけて、口頭で同意したとしても法律的には無効である。いわば人さらいと同じことである。「自由、平等、民主主義」の西洋で、なぜ人さらいが合法的に白昼正々堂々と行われているのか、と感じるのは筆者だけなのであろうか。

しかも国際間の養子縁組には通常仲介業者が存在し、養子をもらう夫婦はかなりの額の金銭を払うのが当たり前である。名目がどうであろうとも、これは明らかに人身売買である。西洋のタテマエでは奴隷制度は禁止であり、人身売買も禁止である。しかし実態はこのありさまで、ホンネは数世紀前と変っていない。途上国からの養子を手に入れる場合、しばしば見られるのは養子を希望する夫婦が途上国の産院や孤児院にゆき、そこで自分たちの気に入った乳児や幼児を選び出し、その子供を養子に決める方法である。

当然の結果として、可愛らしい子供、なつきそうな子供、問題を起こさないような子供が選び出され、可愛くない子供、気難しそうな子供、問題になりそうな子供は養子として選ばれないことになる。奴隷制度合法時代のアメリカでは、奴隷を買いたい者はちょうど馬市場のような奴隷市場に行き、そこで広場に引き出されている多くの奴隷の中から従順そうで、よく働きそうで、健康そうな奴隷を選び出し、買い取っていた。そうではない奴隷には買い手がつかなかった。養子であれ奴隷であれ、入手する者のエゴイズムで結果が決まることに何の相違もない。

人権を無視された養子

第二に、子供の人生はまったく無視されている。養子になった時には西も東もわからなかった子供でも次第に成長し、自分自身、親兄弟との関係、社会と自分との関係などについて考えるようになる。これは誰でも人間の成長過程で体験することである。本当の両親と共に生活し、人種、民族、宗教などの点で少数派の人間ではなく、社会の多数派に属するごく当たり前の人間でも、幼児から成人になるまでに成長の疑問や悩みがある。成長期は誰にとっても人生の危機の一つである。成長期にある子供が、自分と両親や社会の多数の人間たちと人種的、民族的、宗教的に明らかに異なっている場合、それは疑問や悩みを一層深刻化させる要素である。途上国の子供を養子にすることによって、一人の人間にこのような余計な苦しみをさせることが許されるものではない。このような子供が人一倍悩んだ結果、犯罪、麻薬、精神病、自殺などに至る調査結果はすでに多く蓄積されている。

第三に、子供の本来の文化なり文明なりは無視され、西洋文明が子供にとって最も望ましいものと勝手に決めてしまっている。子供には西洋の名前が与えられ、西洋の宗教、つまりキリスト教が教え込まれ、西洋の世界観、価値観が教え込まれる。途上国の子供を養子にする場合、貧しいこと、経済的発展の遅れていることなどが子供を西洋で育てる理由としてあげられる。しかしこれこそ西洋の価値観を押しつけることであり、この特定の価値観を押しつけることは植民主義の思想そのものである。子供の人間としての尊厳を無視し、子供に西洋文明の価値観を押しつけるのは昔からである。昔、北アメリカのインディアンの子供たちや、オーストラリアの原住民の子供たちが親から強制的に隔離させられ、西洋の子供として育てられたことがあった。それが二一世紀でも公然と行われている。

それではどうすればよいか

誤解を避けるために明記しておくが、筆者は途上国の貧しい子供たちを助けるな、と言っているのではない。人道上の観点から、大人、子供の違いにかかわらず、人種、民族の違いにかかわらず、経済的に余裕のある人は貧しい人、困っている人を助けるべきである。しかし途上国の子供を奴隷同様にいやおうなしに西洋に連れてきて、西洋の子供として育て、西洋の人間として考える大人にしてしまうのは明らかに植民主義の一種である、と主張しているわけである。

それならばどうすれば良いかと聞かれれば、答えは簡単である。ここで述べられた三つの問題を回避するには子供を生まれた文化、文明の中で育てるのである。ここには二つの可能性があり、一つは養子を育てたい夫婦が子供の文化なり文明なりに移ることである。二人の成人としての夫婦が自らの意思で決定して移住するのであれば倫理的にまったく問題はない。移住するのがいろいろな理由で難しければ、子供が生まれた環境で満足に成長できるように経済的に支援をするのが良い方法である。実際この二番目の方法は先進国では広く実行されており、筆者はこれを全面的に支持する。この選択をすればホンネの入りこまない、倫理的に恥じない、タテマエに基づいた人間行動となる。

二枚舌と人種主義

侵略主義、植民主義と同様に、二一世紀始めの西洋文明では人種主義はあってはいけないもの、排除すべきもの、というのがタテマエである。しかし人種主義の場合もホンネが明確に存在している。侵略主義と植民主義に比べた場合、人種主義は西洋文明内により根強く存在し、しかもマス・メディア、大衆文化、学術界、教育界に明白に見られる。

欧米のマス・メディアの世界では、ヨーロッパ以外の世界各地に進出し、原住民から土地を奪い取り、植民地とし、あたかも原住民の一種のような顔をして罪悪感も感じていないヨーロッパ人の子孫たちを「ホワイト」と呼び、「白い」と認識している。ヨーロッパのどの言語を取り上げてみても、この現象が見られる。現在アメリカ国民として生きているアフリカ系の人々は「アフリカ系アメリカ人」と呼ばれる場合も多くなってきているが、「ブラック」と呼ぶ方法が非難されることはない。そう呼ばれる人たち自身が好んでいる場合があるから消えてなくならないのも当然である。

これらアフリカ系の人たちは自らヨーロッパ人の人種主義を受け入れてしまい、それに何の疑問ももたないのである。アメリカでもヨーロッパでも、テレビ、新聞、雑誌などは「ブラック」と「アフリカ系アメリカ人」という二つの表現を同義語として用いている。つまり「アフリカ系アメリカ人」というのは「ブラック」つまり「黒い」ということである。客観的に観察される皮膚の色がどうであっても、「アフリカ系」は「黒い」のであり、すでに述べられたように「白い」と言う表現に対する「黒い」は悪いこと、望ましくないこと、違法なこと、など悪いことだらけである。

日常生活に入りこむ人種主義

一見人種主義反対に見えるタテマエに、ホンネの人種主義が堂々と入りこんでしまっている場合が多々ある。例えばスウェーデンに「世界の子供たち」という団体があり、その目的は途上国の貧しい子供たちを助ける、というものである。これは二一世紀始めのスウェーデンではタテマエと考えてよい。しかしこの団体のシンボルを見ると、二人の子供が手をつないでおり、一人は完全な白、もう一人は完全な黒である。色のニュアンスなどまったくなく、絵具の白と黒そっくりそのままである。これは意識的にそうしたのか無意識にそうなってしまったのか筆者は知る由もないが、現在の西洋文明のホンネをそっくりそのまま示している。

世界のどこを見ても、絵具の白や黒の肌の色をした子供など存在しないことは完全に無視し、このようなシンボルを公然と使用している。筆者の知る限りでは、スウェーデンでは誰一人としてこれはおかしいと言ったり、これに抗議をしたりしていない。客観的な事実が歪曲され、人種主義が入りこんでも大衆は反応しないのである。あるスウェーデン人の子供は、「世界には黄色い人がいると聞いたが、そんな人たちがいるのだろうか？一体誰なのだろう」と母親に聞いたところ、その母親は「それは中国人のこと」と返事をした。このようにして子供が洗脳され、人種主義のホンネを内蔵している西洋文明の成人になるわけである。

人種主義の考えを持っていると、人種主義とはまったく関係ない事柄まで人種の問題として考える傾向がある。例えばオリンピックのシンボルに用いられている五色である。これら赤、青、黄、緑、黒は近代オリンピックの創始者であるピエール・ド・クーベルタンが自ら選んだもので、世界の国旗で最も広く用いられている色五つである。ただそれだけのことであるのに、繰り返し聞かされる噂は、これら五色は世界の人種を象徴している、というものである。

政治思想とは無関係の人種主義

日本でも西洋でも狂信的または無邪気な人たちがいて、人種主義を政治的な「右翼」と「左翼」に関連づけてしまい、人種主義を支持するのは「右翼」で、「左翼」は人種主義に反対する、と信じている。しかし歴史をよく調べていただきたい。通常何の疑いもなく「左翼」と考えられているマルクスとエンゲルスは極端な人種主義者であった。マルクスとエンゲルスによれば、世界の国にはいろいろあり、一部の国は進歩的であるがスラブ系の国はそうではなく、反革命的である、したがってこのような国は来るべきホロコーストによって絶滅されなければならない、と考えた。さらに人種にも進んだ人種と遅れた人種があり、遅れた人種は進んだ人種の進歩についていけないから新しい社会（つまり共産主義の社会）の出現とともに消えてなくなるのが宿命である、とも主張されている。

マルクスとエンゲルスによって遅れた人種と考えられたのは、マルクスがユダヤ人であったことを考えれば当然かも知れないが、ユダヤ人ではなく、スコットランドの高地人、ブレトンの住民、バスク人、そしてバルカン半島の人々であった。ヒトラーとナチスを典型的な人種主義者として常に取り上げる「左翼」の「文化人」たちは、このマルクスとエンゲルスについての事実をぜひ知っておくべきである。歴史家ジョージ・ワトソンは、ヒトラーと国家社会主義ドイツ労働者党（つまりナチス）はソ連の共産主義から民族の強制移住と大量殺戮の考えを習い、ガス室の使用も実はソ連からヒントを得たもの、とさえ主張している。

社会主義にもいろいろあり、一時イギリスの「進歩的な」知識人の間で流行したファビアン社会主義というものがある。これはマルクス式に革命によって急進的に社会主義の社会を建設する、というのではなく、社会を漸進的に少しずつ改革し、最終的に社会主義の社会にする、というものである。イギリスではシドニー・ウエブ、ビートリス・ウエブという夫婦のファビアン社会主義者がかなりの有名人としてもてはやされていたが、この二人は何とスターリンが考え出した強制収容所を賛美している。

「左翼」のデモに見られる人種主義

現在の世界でも「左翼」と人種主義の関連性が散見される。世界銀行、国際通貨基金、G7、G8などの会議が先進国やロシアで開催されると、ほとんど毎回現われるのが反対意見をもっている「左翼」の「活動家」たちである。多くの場合、デモのほかに商店や銀行の窓ガラスをかねて用意の鉄棒で破壊したり、かねて用意のスプレーを用いて反対意見を壁やシャッターに書き散らしたり、レストランなどから家具を道路に引きずり出し、それにやはりかねて用意の可燃性の液体をかけ、やはりかねて用意のマッチやライターで火をつける、といったことをしている。すべて綿密に計画された行動である。道路の石畳に使用されているさいころ型の石も警官隊に投げつける武器となる。石をほじくりだすのに専念する組とそれを投げるのに専念する組の二手に分かれて行動し、ここでも綿密な組織ぶりには感心させられる。

これらの行動のほかにしばしば見られるものにＧ７またはＧ８の国々を代表する大統領や首相の頭部だけを似せた大きなハリボテをかぶった七人、または八人の人間によるデモがある。ここで毎回観察されるのは日本の首相のハリボテの顔の色だけを黄色にし、残りの六人または七人はうすい茶色にすることである。小泉首相は毎回このように表現されていた。筆者は、これは明らかに人種主義の行動であるから中止しろ、という内容の電子メールを、これに関わっていると思われるＧ８各国のアタックその他の関係団体に何度も送った。

二〇〇七年のドイツでのＧ８の会合に反対するデモでのハリボテを見ると、女性であるメルケル首相を含めて、八人の大統領と首相はほとんど同じ顔の色になっていた。したがって安倍首相は黄色ではなく、他の七人と同じ象牙色の顔の色になった。筆者の指摘が尤もであると判断されたため改めたのかどうかは不明であるが、それは重要ではない。態度を改めたことを一応評価し、これは一時的な処置ではないことを希望する。

ところがこれらのハリボテの集団とは別に、骨と皮になったアフリカ人の人形がいくつかデモに現れた。しかしその皮膚の色は炭の黒さである。骨と皮の気の毒なアフリカ人の存在は事実であるが、炭の黒さの肌は事実ではない。「左翼」と人種主義の縁はなかなか切れないようである。

学術界の人種主義

学問の世界でも、西洋文明のホンネとしての人種主義が観察される。学者や研究者であっても、ある文明内で考え、講義をし、著作をしていればその文明の影響を避けるのはむずかしい。フランソワ・ベルニエが一六八四年に西洋で最初の学術的な人種分類の論文を発表し、この論文の中でベルニエは東アジア人の皮膚の色を「白い」と描写していることはすでに述べたが、これをすんなり受け入れることのできない現代の研究者もいる。東アジア人の肌の色は「黄色」でなければならないと信じ、それを「白い」と描写した学術論文があればそれをもっともらしい議論によって拒否し、ホンネの人種主義を心の中に保とうとする。

歴史家ピエール・H・ブールはベルニエについて二〇〇三年に大変学術的な論文を発表しているが、この中で西洋文明のホンネの影響を受けた、人種主義的な発言をしている。ブールはベルニエが東アジア人を含めた人種が「白い」肌をしていると書いたことが気に入らず、これはベルニエが「おそらく見たことがなかった中国人のような、より典型的な人たちではなく、インドに住んでいたタタール人を見た経験によるもの」と断定している。そしてブールはこの文章のすぐ後にも人種主義的な考えを示し、ベルニエが「黄色の肌をした」南アジア人（インド人を指す）とアメリカ・インディアンをヨーロッパ人と同じ人種と見なしたのと同じようなものだ、との意見を表明している。

しかし歴史的な事実に注意していただきたい。ベルニエは一六五五年に長期間にわたる東洋への冒険を始めた。まずパレスチナに行き、エジプトでは一年間カイロに留まった。その後アラビア、エチオピアに行っている。一六五八年にはインドにたどり着いた。そしてムガール帝国の宮廷に医者として仕えた。一六六四年から六五年にはカシミールに行っている。カシミールから戻るとベンガルに行き、その後ペルシャにも行ったようである。一六六九年にパリに戻るためにインドを離れた。ベルニエの生涯については明らかではない点が多く、年月についても異なった情報が見うけられる。

いずれにしてもベルニエはムガール帝国のアグラの宮廷で八年間医者として滞在したのは確かである。長期にわたってこのような重要な地位を占めていれば、医者としての立場から、そして宮廷の役人の一人として、多くの異なった人種や民族の人々に会っていると考えるのが当然である。アグラはムガール帝国の重要な都市の一つで、一五二六年から一六二八年まで首都であった。そしてこの貴重な体験が人種についての論文を書くための重要な資料になったと思われる。ブールは、ベルニエは中国人を見たことがなかったという明確な根拠を示していない。単なる推測なのである。かりにベルニエが中国人を見たことがなかったとしても、東アジア、東南アジア、そして特に中央アジアからの人々に会っていなかったとは信じがたい。

ムガール帝国はモンゴルの帝国

更にこれより重要なことはムガール帝国が一体何であったのかという点である。「ムガール」という表現は「モンゴル」という単語の変形で、つまり「ムガール帝国」とは「モンゴル帝国」という意味である。ムガール帝国のそもそもの始まりは一三七〇年頃にさかのぼる。サマルカンド（現在のウズベキスタンにある）近くに生まれたティムール（タマレーンとも呼ばれている）は部族の首長となり、すでに崩壊したモンゴル帝国を再建する強い宿命感を抱き、その目的を達成することを公にした。ティムールは遺伝子的にもジンギス・ハーンにつながりがあったとも言われている。そしてその宿命感のとおり、ティムールは西アジア、アナトリア、南ロシア、北インドを征服してしまった。ティムールは中国を征服する遠征の途中、一四〇五年に死亡した。

ティムールの死後、だれが後を引き継ぐかという熾烈な後継者争いが始まった。これはモンゴル民族の間ではごく当たり前におこる問題である。結局バブールが勝ち残り、ティムールの帝国を継承することとなった。当時北インドにあったいくつかの公国は戦国時代の混乱期にあり、バブールはこの機会を逃すことはしなかった。北インドでのいくつかの戦役に勝ち、北インドを完全に掌握してしまい、一五二六年にここにムガール帝国を建立した。一五五六年にはバブールの孫でわずか一六才のアクバルが王位を継承し、モンゴル民族がもっている伝統的な軍事哲学そのままの政策を実行し始めた。

この軍事哲学とは「帝国というものは常に拡張拡大を続けなければ崩壊する」というもので、これこそジンギス・ハーンの帝国建立の哲学そのものである。新しい土地を侵略した場合、「反抗しなければ許してやるが、反抗すれば容赦なく皆殺しにする」という方針を住民たちに明確に伝え、事実そのとおりのことをした。この強引な戦術を用いてアクバルのムガール帝国は拡大し、一六〇〇年には事実上インド亜大陸のほとんどすべてをその支配下におさめてしまった。

このように拡大、拡張のモンゴル哲学にもとづいて建立され、権力を誇ったアクバルの帝国も、皮肉にもモンゴルの伝統的な弱みである継承者問題の不明確さが命取りとなり、これが原因でムガール帝国は崩壊することとなった。

長くなってしまったが、ここで筆者が言いたいのはムガール帝国とは文化、文明としてはモンゴルの帝国であり、人種的、民族的にも原則的にはモンゴルである、という点である。現在でも北インドにはモンゴル系のインド人が数多く住んでおり、ムガール帝国の昔とその壮大さをしのばせる。このような歴史的、民族的過去を無視し、ベルニエが見たアジア人はタタール人であった、などと推測し、ベルニエの論文にけちをつけるのはホンネの人種主義を持ちこんでいる為としか考えられない。

更に追加すれば、タタールという表現は人類学的にはまったく無意味である。ロシア人は長い間中央アジアから侵入してくるいろいろの民族にいじめられていたが、ロシア人はこれらの民族をすべて「タタール」と呼ぶ傾向があった。したがってそれはモンゴル系である場合もありトルコ系である場合もあった。しかもモンゴル系、トルコ系、とは言っても人種的にも複雑であり、その理由は多くの民族を征服し続けていたためである。したがってブールが主張する、ベルニエが見たアジア人というのはタタール人であった、というのは学問的にまったく価値がない。考察の必要さえない。

教科書の人種主義

小学校から大学に至るまでの教科書というものは、ある国なり文化なりの政治的、思想的観点を反映している。衆知のごとく、韓国や中国では教科書によって国の特定の政治的方針が国民に教えこまれる。そして当然のこととしてこれは日本に対する方針も含まれる。アメリカでは日本と同様に教科書の出版は自由で、理論的にはどの出版社でも教科書を出版できる。しかし出版された教科書が成功し、多くの学校で採用されるかどうかは別問題である。教科書の選択が完全に自由であった場合、教科書が採用されるかどうかはある特定の時点におけるその国の主流となっている考え方が大きく影響を及ぼす。従って教科書がどのような点を強調し、なにを言わんとしているかを調べることは思想史の研究として意義がある。

クロイド・クラックホーン（一九〇五―一九六〇）は二〇世紀半ばのアメリカで著名な人類学者で、ナバホ・インディアンの研究で知られており、フルブライトの交換教授として日本でも教えたことがある。クラックホーンは『ミラー・フォー・マン』という、大学の教科書でもあり一般読者向けの人類学入門書でもあり、といった本を一九四九年に出版し、これは高く評価され賞なども得た。この本は最初クロスで出版されたが後にペーパーバックとして何度か再版された。

筆者は一九六〇年発行のペーパーバック版を所有しているが、その表紙は当時のアメリカの人種主義をありありと示している。図案化された楕円形の地球を背景とし、四人のまったく同じ大きさの男性像が影絵のように描かれている。従って顔などは描かれていない。この表紙でもっとも注目すべき点はこの四人の男性像の色で、原色の赤、黄色、黒、白が用いられている。これは当時のアメリカ社会の人種観を明白に示している。

著者のクラックホーンは自らこの表紙のデザインをしたわけではないのでその責任はないが、デザイン担当者がこれを考えつき、それを編集、販売責任者が編集会議で承認し、それが商品として書店で販売されたわけである。どこの国でも出版関係者は社会の考えに特別に敏感であり、非難されるようなデザインの本は売り出さない。そして事実このペーパーバックの表紙は当時のアメリカ社会で問題にならなかった。一般的なアメリカ人読者にとって、そして大学関係者にとって、この表紙はアメリカの常識を反映した至極もっともなものであったわけである。

二一世紀始めの人類学の教科書

これから四、五〇年たったアメリカはどんな状態であろうか。筆者は二一世紀始めのアメリカの大学で使用されている人類学入門の教科書を調べてみた。もっとも広く採用されている教科書のうち、二〇〇〇年以後に出版または改定されたものは四冊あったが、この四冊のうち、二冊はアメリカ社会の言語使用法をそっくりそのまま反映してヨーロッパ系を「ホワイト」、アフリカ系を「ブラック」と書いている。一冊は明確に「ホワイト」、「ブラック」などという表現を使用することを拒否し、それを特にテキストに明記してある。残りの一冊は原則的には同じ傾向を示しているものの、時折勇み足というような形で「ホワイト」や「ブラック」が散見される、という結果であった。

これは現在のアメリカの人類学者の態度を示しているようで興味深い。つまり二冊の教科書が昔ながらに二一世紀始めのアメリカ人ほとんどの言葉使いをそっくりそのまま再現し、一冊がこれを断固として拒否し、残りの一冊がそうするつもりというタテマエであるにもかかわらず、時々ホンネを見せてしまう、ということである。

これら四冊を調べてみてもう一つ気がついた点がある。筆者が一九五〇年代の末から六〇年代の始めにアメリカの大学で人類学を習った折には人類を人種別に分類する、ということは常識であった。当時はどの人類学の教科書を見ても、いくつかの人種が羅列され、それぞれの人種の身体的特徴を描写していた。これはリンネやブルーメンバッハの時代からの考え方そっくりそのままである。しかし今回調べてみた教科書はどれも人種の分類とその記述を取り上げていない。アメリカ人類学会では、すでに長い間「人種」という概念を用いたがらない考えがあり、これは一九九八年にアメリカ人類学会の正式な考え方として採択されている。これがこれらの教科書にそっくりそのまま反映されている。つまりこの場合にはタテマエが明確に示されたわけである。

ホンネになってしまうタテマエ

すでに述べたように、西洋文明のタテマエは「自由、平等、民主主義」であり、ホンネは「侵略主義、植民主義、人種主義」である。ところがここで大変重大なことは、現在ではタテマエがホンネに化けてしまう明らかな傾向があることである。「自由、平等、民主主義」という価値観は啓蒙思想の産物である。したがってこれは西洋文明というある特定の文明のある特定の時点の産物であり、理論的には他の文明や、同じ西洋文明でも別の時点では通用しない性質のものである。所詮価値観というのは単なる思想、単なる考え方であり、物理や化学の法則とは異なり、普遍的に通用するものではない。この事実を無視し、現在の西洋文明は「自由、平等、民主主義」は世界のあらゆる文化、あらゆる文明に適用されなければならない、と狂信的に信じている。アメリカ、ヨーロッパ連合、国連とその関連機関はこのばかげた信条にしたがって考え、行動している。

例えば男女の「平等」というのはあらゆる場合に参加者の半数が女性であることと勝手に定義してしまい、そうでない国は非難する。国会議員、会社の役員、大学教授、医者、などの半数が女性であればそれは良い国、そうでなければ悪い国、となる。このような「平等」でない国は国連から指摘され、より「平等」になるように指示される。「民主主義」というのはすべての有権者による選挙と定義し、独裁的に政治をする大統領などは非難される。そして「民主主義」の「先進国」はこのような国で選挙が行われる場合にはオブザーバーを派遣して選挙を監視する。金権政治そのもののようなアメリカの大統領選挙、そして拒否権を発動でき四年間は安泰で大統領でいられるアメリカの方式は非難の対象にはならないことになっている。

西洋文明が自分たちの価値観をすばらしいものと信じ、それを自分たちの文明内だけで保持し遵守するのであれば、他の文化の迷惑にならないかぎり好きなようにして結構である。他の文明がとやかく言う筋合いのものではない。しかし同じ価値観を狂信的に他の文明に押しつける場合には一種の植民主義になる。つまりタテマエがホンネになってしまう。宣教師につきまとわれるのと同様、迷惑である。

そしてここには理論的な矛盾がある。「自由、平等、民主主義」を西洋文明ではない他の文化、文明に押しつけること自体、「自由」の価値観に反している。他の文化、文明には選択の自由を認めず、西洋の価値観を強制するのは、西洋文明の「自由」の価値観で判断すれば明らかな矛盾であり過ちである。

第七章　文明内の考えは流動的である

文明は大変複雑な文化であり、その中に多くの意見、思想、観点などが共存している。文明内には、ある限定された数の基本的な価値観が存在するのが通常であるが、これらの価値観と相いれない思想、見解も通常存在する。これこそが政党というものがあり、大多数の国民とはかけはなれた意見を主張する政治団体があり、御互いに論争し、選挙で争う原因である。政治的暗殺や革命などは望ましくないかもしれないが、これらの現象を人類の多様性という生物学的背景から考えて見れば、当然の結果であるといえる。多様性、しかも場合によっては極端ともいえる多様性は、好むと好まざるとに関わらず、人類の特徴である。全体主義はこの人類の生物学的事実を無視した政治体制であり、これが全体主義というものが遅かれ早かれ崩壊する理由である。

若者が共産主義の洗礼をうける場合、通常二つのことを教えこまれる。第一に、「労働の結果にはある特定の金銭的な価値があるのに資本家は労働者にそれだけの支払いをせず、搾取する」ということと、第二に、「ある考えがあると、それに反対の考えが必ず現われ、その結果としてどちらの考えよりも優れた三番目の考えが形成され、これが歴史を進歩させる原動力である」といったもので、ご存知のようにこの二番目の議論はヘーゲルやマルクス言うところの弁証法である。

筆者には、この「三番目の考え」が現われる、という議論を支持できる自信はないが、社会の中のある考えには必ず反対の考えが現われる、というのは現実に観察される社会現象を見れば納得できる。多数の人間に意見を聞くと議論百出となるのは日常観察できる事実である。官庁や会社が機能するためにはこれを回避しなければならない。その解決策は上下関係を明白に決めた官僚組織にし、組織の上の者、しばしば一人の人間が独裁的に決めてしまう方法にして官庁なり会社なり全体の意見とし、それにもとづいて行動するわけである。

人種主義反対の思想の台頭

西洋文明の思想史を眺めてみると、二種類の対立する思想が存在する場合、（一）一方が絶対的支配をしている状態、（二）一方の絶対的な支配が弱まり、対立思想がある程度の影響力を獲得した状態、そして（三）両方が比較的均等な影響力を保持している状態、の三つが観察される。人種主義の例をとって具体的に説明すると、一六世紀から二〇世紀半ばまで、大体一九五〇年代までは、西洋の人種主義はほぼ絶対的であった。この約四五〇年ほどの長い期間の間で、その頂点は二つあった。一つは南北アメリカでの奴隷制度の全盛時代、つまり一六世紀の半ばから一九世紀の半ばあたりまで、そしてもう一つは政治思想としての黄禍論がもてはやされた二〇世紀始めから大恐慌と二つの世界大戦を経た一九五〇年代までである。

思想史の観点から考えて非常に重要なのは、一九五〇年代の終わりから明白に見られるようになった人種主義への対立思想の台頭である。世界的にはヨーロッパ諸国が支配していたアフリカの植民地の独立、アメリカではアフリカ系住民の公民権活動、という二つの現象が特記される。一九五〇年代の半ばから最初はアメリカで、その後はヨーロッパで、そして更にはその他の国々で圧倒的な流行をし、ついには世界制覇をしてしまったロック音楽も、この点に関しては一般に考えられているよりははるかに大きな影響力をもたらした。

反体制のきっかけとなったロック音楽

ご存知のように、ロック音楽というのは極度に隔離されていた人種差別の国アメリカで、アフリカ系住民の間で演奏されていたリズム・アンド・ブルースがロックン・ロールと改名されて商業的に全アメリカに売り出されたものである。リズム・アンド・ブルースはゲットーと呼ばれる人種的に隔離されたアフリカ系住民の地域の音楽で、奴隷の過去と人種差別の苦悩を感情をあらわに表現したものである。

当時のアメリカではアフリカ系の住民のためのラジオ局が南部だけでなく、北部や西部にも存在していて、リズム・アンド・ブルースはこのような放送局からさかんに放送されていた。しかしいくら人種差別のきびしいアメリカでも放送の電波は人種別に隔離することはできない。そしてこれがアメリカと西洋文明の将来に大影響をもたらすこととなった。なぜならアメリカの多数派に属する少年少女がたまたまラジオでリズム・アンド・ブルースを聞いて、アメリカ主流の大衆音楽とはまったく異なった、その異様さと力強さにすっかり魅了されてしまったからである。

当時のアメリカ社会全体からは攻撃され、嘲笑され、非難されたものの、リズム・アンド・ブルースは主流派に属する十代の若者の絶対的な支持をうけ、ロックン・ロールとして大流行してしまった。これは単なる一時的な流行に終わらず、ロックン・ロールの魅力にとりつかれた主流派の若者はその後大学に入り、卒業し、就職し、アメリカ社会の中核として働くようになってもロック音楽支持の態度を変えることをしなかった。リズム・アンド・ブルースがロックン・ロールと改名されて全アメリカで商業的に売り出された理由は、これがアフリカ系住民のゲットーから発生したものであることを隠すためであった。しかし時がたつにつれその必要もなくなり、アフリカ系アメリカ人でも正々堂々とロック音楽演奏者として商業的に売れるようになっていった。

反体制文化としてのロック文化

一九五〇年代の半ばからロック音楽が次第にアメリカの主流派の若者の趣向をとらえるようになると、それに伴ってアフリカ系アメリカ人の文化も彼らに影響を及ぼすようになった。大学の内外にはビートニックと呼ばれる、それまでのアメリカ社会に批判的な若者たちが現われ、これはその後ヒッピーと呼ばれる似たような若者たちに引き継がれていった。ビートニックやヒッピーの考え方にはいろいろあるが、その中でもここで特記しておくべき事実は人種差別反対の態度である。彼らがアフリカ系アメリカ人の公民権運動を支持したり、ベトナム戦争を人種戦争と見なしたりしたのは当時のアメリカの大学生の考えに大きな影響を及ぼした。

勿論これは比較の問題である。当然のこととして人種主義者はこのような考えの台頭の影響は受けず、人種主義者として存在し続けた。筆者が言おうとしているのは、太平洋戦争が終わった時点、そして一九四〇年代のアメリカで人種主義がほぼ全盛であった頃に比較すれば、それに対立する思想が明白に現われ、しかもアメリカ社会で影響力を持つようになってきた、という点でである。

若者たちは伝統的な意味での侵略主義、植民主義にも公に反対の態度を示すようになり、ベトナム戦争反対、グレナダやイラクの侵略反対、ラテンアメリカからの違法移民の強制送還反対、などの理由でしばしばデモをしている。統計的に見れば確かにこれらの若者の数はごく少数である。しかしこれも比較の問題で、一九五〇年前後のアメリカでは若者はこのようなことは考えてもみなかった。これが若者の間で切実な問題として取り上げられ、しかも若者がデモをしてその態度を公に示すようになったのは大変化と言える。途上国を援助し、山積した負債の返済を免除しろ、などという要求とデモも昔はまったく考えられなかった。金魚を飲み込む競争をしたり、公衆電話のボックスに何人詰め込むことができるか、などということが流行っていた一九五〇年代のアメリカの大学生文化とは大違いである。

二一世紀始めの西洋を思想史の観点から要約すると、基本的には侵略主義、植民主義、人種主義の三本柱は明確に存在しているが、これに反対する思想も比較的明確に現われている、と言う状態である。これは西洋文明内の人間のうちの何パーセントがどのような考えを抱いているか、などという問題ではなく、どのような考えがどのように明白に表明されているか、という問題で、これが思想史的に注目すべき点である。

アメリカの人種表現の用語の変化

ヨーロッパ人を「白い人、ホワイト」と呼ぶことが価値観の入った好ましくない表現であることはアメリカ人もよく知っていた。そして何よりも白い肌の人などこの世に存在しないことはどのアメリカ人の目にも明らかであった。そのため一九五〇年代のアメリカではヨーロッパ系アメリカ人を「コーケージャン」という人類学の専門用語を用いて表現することがかなり一般的になった。教養のある人、大学の先生、進歩的な人々などはほぼ普遍的にこの単語を用いていた。なぜこのようなわかりにくい表現が用いられるようになったのか、という理由は不明である。しかし一つ推測される理由として「白い人」という表現は好ましくないが「ヨーロッパ人」という表現を使うのも過去のヨーロッパでの貧困、飢餓、差別という歴史的な惨めさを思い出させるから使えない、という観点からの苦肉の策であったのではなかろうか。

いずれにしてもこの「コーケージャン」という表現が完全にアメリカ社会に浸透する前に、一九五〇年代の末から六〇年代にかけてのアフリカ系の公民権運動の活動家たちの一部は、自分たちを「ブラック」と表現するようになった。その理由はと言えば長い奴隷制度、抑圧、偏見、差別の歴史で「ホワイト」と言う表現を絶えず聞かされ続け、それにうんざりし、このような人たちに対立し対決する自分たちの存在を強調するために選んだ表現であった。そしてこれは明らかに恐怖感を暗示する「悪者」といった意味合いも含んでいた。「ブラック・パワー」などという表現はアフリカ系住民の持っている潜在的な行動力、実行力を意味し、アメリカ社会をすっかり変革させてしまう、という復讐の気持をこめたものであった。

それと同時に、一部の日本人の場合とまったく同じように、ヨーロッパ人は「白い」というドグマをそっくりそのまま鵜呑みにして自分たちを自嘲し、「ブラック」と呼び始めた要素も明らかに含まれていた。日本人の場合でもアフリカ系アメリカ人の場合でも、世界や国内での支配者、権力者の主張するドグマは強力な圧力として感じられ、それに対して疑問を持ったりそれを拒否するのはむずかしく、簡単に洗脳されてしまうのである。

「ニグロ」から「ブラック」へ

この時点までのアメリカではアフリカ系アメリカ人は一般に「ニグロ」と呼ばれていて、これ以外には「有色の」という意味の「カラード」という表現があり、アメリカでは「カラード」と「ニグロ」はまったく同義語であった。しかし「ブラック」と言う表現はほとんど全く使われていなかった。当時アフリカ系の人を「ブラック」と描写することは非常に悪意と敵意のある、明らかかに人種主義的な表現であり、大学などでこのような言葉を用いれば直ちに非難されても当然のこととされた。当時のアメリカ人の言語感覚では、「ブラック」という単語は悪いこと、不法なこと、好ましくないこと、などを直ちに連想したのである。したがって常識のあるアメリカ人にとってはアフリカ系アメリカ人を「ブラック」などと呼ぶことはとても考えられなかった。ところがアフリカ系アメリカ人たちは「ニグロ」という表現は奴隷時代の過去の表現であると言って拒否するようになり、自ら「ブラック」という表現を選択し、今日に至っている。

客観的に、そして心理学的に考察すれば、これは大変愚かな選択であった。その理由はヨーロッパ系アメリカ人たちがひそかに心の中に抱いている「アフリカ系は醜く、ばかで、犯罪を犯し、劣っている」という考えを心ならずも支持してしまったからである。そしてこれを知ったヨーロッパ系はそれならば、ということで喜んで「ニグロ」ではなく「ブラック」を用いるようになり、それと共に「コーケージャン」はやめてふたたび「ホワイト」を使い始めるようになった。従って人種の表現に関する限り、公民権運動の効果は前進ではなく後退になってしまった。

このように二〇世紀半ばにアメリカ社会で観察された試みとその失敗は少なくとも一部のヨーロッパ系アメリカ人たちは「白い人、ホワイト」という表現は人種主義的であり、このような表現は廃止すべきであると考えていた事実を明確に示している。この考え方を放棄してはならない。二一世紀の世界でこれを再び取り上げて積極的に推進すべきである。

「天然色」映画で見せる皮膚の色

西洋で人種主義が絶対的な支配をしていたのは一九六〇年頃までであり、それ以後に反対勢力の存在が現われ始めたと言ってよい。なぜ人種主義に反対する考えが公に現われはじめたのか、という理由を確定するのは不可能であるが、その一つはすでに述べたようにロック音楽の影響である。ロック音楽が若者の間で受け入れられるようになり、若者文化、大学文化、と言ったものに大影響を及ぼし、その後これらの若者たちが社会人として社会の中核でその趣向を支配できるほどの影響力を持つようになった結果、昔からのいわば狂信的な人種主義を批判的に眺め、公に反対できるようになったものと思われる。

その他にもマス・メディアの影響力も考えられる。テレビが普及する以前、一九六〇年頃までの世界では、世界の大多数の人間にとって外国旅行などということは事実上不可能であった。したがってマス・メディア、特に映画が他の国、民族、人種について見たり知ったりする重要な情報源であったが、それは長い間白黒映画であり、しかも画像もあまり鮮明ではなかった。一九五〇年頃に色のついた映画が一般的になり、このような映画は白黒映画ではない、という点を強調するために日本では「天然色映画」とわざわざ注意書きがしてあったくらいである。

「天然色映画」であれば、いろいろな民族や人種が現れた場合、皮膚の色もそれ相応に見られるわけであるが、このような映画を見た一般大衆は、世界の人種がそう簡単に色で表現できるものではない、という点に気がつき始めた可能性が考えられる。ドーラン化粧の結果もあるものの、ヨーロッパ人は絶対に白い肌に見えなかった。そして東アジア人が登場すると、皮膚の色はヨーロッパ人と大体同じである。これは人種を色で表現する西洋の昔からのやり方に疑問を持たせる経験となった。

比較的最近の映画であるが、一九九〇年に公開された『愛と哀しみの旅路』というアメリカ映画がある。これは一九三六年のロスアンジェルスでアイルランド系の男が日系アメリカ人の女性に一目ぼれし、駆け落ちをして結婚するが、真珠湾攻撃の結果日系人は強制収容所に入れられる、という苦労だらけの物語である。この映画の中に、主役の二人、アイルランド人を演ずるデニス・クェイドと日系女性を演ずるタムリン・トミタが長々と見せる全裸のベッド・シーンがあるが、この二人の皮膚の色はまったく同じであった。

ということは男の皮膚の色が「白」であれば女の皮膚の色も「白」であり、女の皮膚の色が「黄色」なのであれば男の皮膚の色も「黄色」という結論になる。このような映画を見れば、誰でも人種を色の用語を用いて表現するのはどう考えてもおかしい、と思うのではなかろうか。この映画のアラン・パーカー監督がこれを意図的に見せるために意識して長々と全裸のベッド・シーンをみせたのかどうかは不明である。

アニメでも皮膚の色に関しては日本人も西洋人も同じ扱いをしているのが通常である。現実の世界を反映して、どの国で制作されたかには関係なく、全般的に女性は男性よりうすい肌色をしているアニメが多いが、人種的には異なっていない場合が多い。ポケモンその他の日本製のアニメは世界中のテレビで放映されているが、ご存知のように日本人だからといって肌の色を特に「黄色」にはしていない。宮崎駿監督のアニメ映画でも同様である。

西洋人が日本人を演ずる場合

白黒映画の時代には、技術的な問題のためかスクリーンに映される画像はボケた不明確なものが多く、いわば非現実的な印象を与え、誰がどこの国の人間を演じても観客はあまり注意をせず、人種的、民族的な観点からおかしいのではないか、などとは思わなかった。映画がすべて「天然色」になった後は、そして更にワイドスクリーンになった後は、観客はより現実的なシーンを見られるようになり、映画に登場する人物を注意深く観察できるようになった。このような条件で制作された映画で大変興味のある点は、欧米人が日本人の役を演じたり、日本人に変装するものが現れたことである。

一九五六年の映画『八月十五夜の茶屋』は沖縄を占領したアメリカ軍と現地人との関係を描いたもので、日本よりアメリカで評価されたようである。この映画に日本人の通訳が登場するが、これはマーロン・ブランドが演じている。より日本人らしく見せるために両眼の上に多少細工をしたメークアップをしているが、皮膚の色は特に細工はしていない。一九六一年公開の『ティファニーで朝食を』ではニューヨークのアパートに住む日本人の役をミッキー・ルーニーが演じている。この場合には両眼の上には細工をせず、眼鏡をかけることによって眼の違いからくる違和感を隠している。『007は二度死ぬ』は一九六七年に公開された映画で、ジェームス・ボンドが日本に入りこみ、スパイ活動をするという筋書きである。ボンドは日本人の漁夫に変装し、日本人の女性と偽装結婚するが、ボンド役を演じたショーン・コネリーはマーロン・ブランドの場合と同様、両眼の上に細工をしているようである。しかし映画の中では怪しまれないために絶えず下を見ながら歩いていた。

これら三作の映画について言えることは、肌の色に関しては、特に「日本人的に」するための細工はしていない、という点である。つまり映画制作者や監督としては、日本人であるがゆえに西洋人とは違った皮膚の色にする必要はない、という判断をしたものと思われ、これはいわば常識にもとづいたわけである。

テレビに映る皮膚の色

映画を見ない人でもテレビは自宅で見る可能性がある。その結果、世界中でより多くの人が世界の人種の皮膚の色をテレビで見て、それ相応の感想をもつことが考えられる。映画と同じように、テレビの場合も最初は白黒であったが、大体一九六〇年代に「天然色」、つまりカラーになり、日本では一九六四年の東京オリンピックがカラーテレビを大普及させるきっかけとなった。今では先進国、途上国などという人為的な区別に関係なく、世界のテレビはカラーテレビである。したがって世界の人々は他の人種や民族がどのような皮膚の色をしているかを、そっくりそのままとはいかなくとも、かなり正確に知ることができる。オリンピックを始めとして、あらゆる種類の世界選手権はテレビで世界中に実況放送される時代になった。

テレビ局が乱立する現在では、ある特定の分野を専門に放送するテレビ局が多くある。ヨーロッパも例外でなく、「ユーロスポーツ」というテレビ局は日本の大相撲を一ヶ月遅れではあるが、毎場所一五日分の幕内の取り組みすべてを録画で放送している。これをヨーロッパ各国で放送し、その国の言葉で「解説」している。外国出身の力士も多くなり、ご存知のように今ではブルガリア出身の琴欧洲、グルジア出身の黒海、ロシア出身の露鵬、エストニア出身の把瑠都など、ヨーロッパからの力士も毎場所登場し、すでに日本人にはおなじみである。まわしだけで土俵にあがる力士たちであるので、いやでもおうでも彼らの全身の皮膚の色を見ることになる。

これらヨーロッパ出身の力士の皮膚の色を観察すると、琴欧洲と露鵬の場合、日本人の力士と同じ皮膚の色をしていると言ってよい。黒海の場合はほとんどの日本人よりは「白い」が、日本人でも色の「白い」出島と取り組めば二人ともまったく同じ皮膚の色に見える。把瑠都の場合にはそれよりすこしだけ赤みがかった桜色の肌、といったところであろうか。筆者の見るテレビでは、相撲の「解説」はスウェーデン人によるスウェーデン語で聞かされるが、このように皮膚の色に関してはほとんどまったく同じ力士たちを見て視聴者が混同してしまうのを避けるためかどうかしらないが、外国人力士が土俵に上がると必ず出身国を説明している。これはヨーロッパ系の力士だけでなく、モンゴルの場合もそうであり、春日王の場合には必ず韓国出身と説明がつく。

オウミって誰？

スウェーデンでテレビを見ている関係上、もう一つだけ笑い話のようなものを付け加えておく。スウェーデンでも公共放送だけの時代は過去のものとなり、現在ではケーブルテレビや衛星放送を含めた多くの民間放送が乱立し、視聴率の競争をしている。したがって日本同様、質の悪いプログラムも多々あり、奇抜さ、異様さを狙って視聴率を上げよう、といった思惑のものも多く見うけられる。そのようなプログラムの一つに、二〇〇三年に一二回にわたって放送された『オウミ』(Oumi)というものがあった。このプログラムの表向きの主旨はオウミという有名な日本人の女性ジャーナリストがスウェーデンの各界を代表する有名人をインタビューし、それを毎回朝の番組として日本で放映する、というものである。

このオウミなる女性は黒い髪をし、太い枠の眼鏡をかけ、上司と称する「ナカムラ」という名の日本人男性と並んでソファに腰をかけ、約三メートルほど離れたところのソファに腰掛けているスウェーデンの有名人を日本語なまりのひどい英語でインタビューしたわけである。一回三〇分のプログラムで二人をインタビューし、合計二四人の政治家、運動選手、オペラ歌手、ポピュラー音楽関係者、デザイナー、実業家といったスウェーデン人をインタビューした。

だまされてしまったスウェーデンの有名人

ところがこの番組にはタネもシカケもあった。オウミなる女性が日本人である、というのは真っ赤な嘘で、実はミー・リデルという正真正銘のスウェーデン人だったのである。毎回インタビューが終わると彼女は黒い髪のかつらを取り去り、眼鏡もはずし、インタビューされたスウェーデン人の目の前に素性をあらわした。この女性は特に日本人的な容貌をしているわけでもなく、ブロンドの髪をし、背の高さも日本人の女性に比べれば高いほうではあるが日本人としても通用する程度の高さであった。

ヨーロッパ人と日本人の違いとして気づく点の一つは目であろうが、彼女は常に目を細めていて、目を見て日本人ではないと怪しまれない対処をしていた。皮膚の色はごく平均的なスウェーデン人女性の色で、特に御化粧などをして肌色を変える、などということもしていなかった。要するにごく平均的なスウェーデン女性であった。ただし上司と紹介された男性は本物の日本人で、すべてをもっともらしくするために起用されたわけである。そしてオウミさんとナカムラさんは時々スウェーデン人にとってはまったくわけのわからないことを言い合い、それが日本語で会話をしているような印象を与えた。このタネとシカケが世間に知られてしまうのを避けるため、ごく短時間のうちに二四すべてのインタビューを終了したとのことである。

この番組でもっとも注目すべきというか、おかしいというか、笑ってしまうというか、興味のある点はインタビューされた二四人のうち、これを怪しみ、どこかおかしい、このオウミという女性は日本人ではないのではないか、と疑ったのはたった一人だけであったそうである。その理由は彼女を個人的に知っていたために、日本人ではなくて彼女ではないかと怪しんだのであった。

これら二四人は現代スウェーデンを代表するような有名人であるため、そのほとんどは日本に行ったことがあり、人によっては数回も行って日本で本物の日本人を数多く見ているわけである。それでもこのようにだまされてしまうのはどう説明すべきであろうか。筆者が考えつく説明は、二一世紀の世界では狂信的な人種主義にだまされることなく、他国民、他の人種や民族をより客観的に眺めるようになる傾向が現れたのではないか、そしてこれには映画やテレビなどのマス・メディアが少なからず貢献しているのではないか、という解釈である。オウミの皮膚の色が日本人の皮膚の色ではなく、スウェーデン人の皮膚の色だからこれはスウェーデン人が日本人に化けているのだ、などと言う人種主義的な疑いは考えてもみなかった、ということであろう。そして客観的に観察しても、皮膚の色に関しては日本人とスウェーデン人の間にかなりの重複があり、皮膚の色を見ただけで必ずしも日本人であるかスウェーデン人であるか判定はできない。

チャーリー・チャン

この「オウミ」さんに関して追加しておくとおもしろい事実がある。無声映画の時代、ハリウッドの映画にしばしば出演したチャーリー・チャンという男優がいた。彼はその名の通り常に中国人の役を演じており、合計一六の映画に出演したという記録が残っている。ところがなにを隠そう彼はれっきとしたスウェーデン生まれのスウェーデン人で、一三歳のときにアメリカに移住し、映画界に入ったとのことである。他の人種に化けるのはスウェーデン人の趣味なのかもしれない。彼はサーメ系（以前はラップ人とも呼ばれていた）だという噂もあったそうである。

二一世紀始めの科学的な人類学で広く受け入れられている知識では、人種というものはあまり意義のある概念ではなく、もしある人種というものを仮定したとしても、別の人種と明確に区別がつくものではなく、あいまいな場合もある、としている。これは専門用語ではクラインと呼ばれる。このチャーリー・チャンこと本名ヨハン・ヴァーナー・オールルンド氏は中国人の遺伝子をもっていたわけではなかった。スウェーデン人としてごく平凡な顔をしており、言われてみればなるほど中国人として見てもおかしくない、といった程度であり、クラインを説明できるよい例であろう。

日本人に見えるスウェーデン人

スウェーデンが大量の移民や難民を受け入れるようになったのは一九六〇年代であるが、それ以前の時点でも、スウェーデン人は遺伝子的には比較的に複雑であったものと推測できる。統計的にみれば一パーセントの一〇〇分の一にさえならないかもしれないが、時折大変日本人的な顔をしたスウェーデン人を見うけることがある。このような人が、もし東京の地下鉄で座席に座っていたとしたら周囲の人は日本人であると思ってしまうであろう。これもクラインの例である。

動物形態学の法則の一つにアレンの法則というものがある。これは気候が寒く厳しいところで生きている動物は体温の損失を少なくするために表面積を少なくする方向に進化する、という法則である。つまり表面積をできるだけ少なくすれば寒さの中で生き残る可能性が高くなるというわけで、日本人などのいわゆるモンゴロイドと呼ばれる人たちはアレンの法則に従って進化した過去をもっていると推定されている。これは具体的には鼻が小さく平たくなり、眼の周辺に脂肪が蓄積し、手足も指も短くなり、胴や頭は丸くなる、という結果になる。寒さの中で生きてきたスウェーデン人やサーメ人が同様な進化をしてきたとすれば、日本人的な顔に近づく可能性も存在したわけである。

第八章　西洋の人種主義を信じてしまう日本人

日本と西洋文明の直接の接触はご存知のとおり事実上種子島に始まる。これは日本における西洋の侵略主義、植民主義の第一歩になりかけるところであった。歴史学者の立花京子は、信長はそれを容認し、キリシタンの勢力に支配され、協力し始めていた、という大胆な推測をしている。いずれにしても南蛮人の勢力、つまりポルトガルとスペインはまず日本で徹底的にキリシタンの布教をし、多くの日本人を改宗させ、手なずけてから植民地としてしまう計画をしていたのはほぼ確実とされている。本能寺の変で信長が自害した後、秀吉も最初は南蛮勢力の危険さに気がついていなかった。

しかし秀吉は一五八七年に九州征伐をし、その時ポルトガル人が多数の日本人を奴隷として海外に売りとばしていることを始めて知り、激怒した。秀吉は最初は外交的にそして穏健にこの問題を解決しようとし、イエズス会の神父ガスパール・コエリョに手紙を書き、すでに海外に売られている日本人をすべて日本に送り戻す努力をすること、そしてもしこれが不可能であればその時点でポルトガル人に所有されている日本人奴隷をすべて解放することを求めた。秀吉はその費用をたてかえる、とさえ述べている。しかしイエズス会、ポルトガル人の奴隷商人、ポルトガル国王はこれを事実上無視し、何もしなかった。したがっていくら秀吉が怒っても、何事もなかったかのように、以前とまったく同じように日本人奴隷は海外に売られていった。

このわずか数年後、つまり一五九六年に有名なサン・フェリーペ号事件が起こった。スペイン船サン・フェリーペ号は土佐沖で遭難したが、この時に日本の役人と接触した船員は日本侵略の意図を誇示するような口ぶりであった。これを一大事と感知した日本は直ちに六人のキリシタン宣教師と二〇人の日本人のキリシタン信者を処刑した。これはその後一六一三年の日本全国でのキリシタン宣教師追放、一六三八年のキリシタン厳禁、など一連の厳しい規制になり、一六四一年に平戸のオランダ商館を長崎の出島に移すことによって日本は鎖国体制に入ったのである。

鎖国は侵略主義と植民主義回避の手段

自由貿易の観点から、そして文化交流の恩恵などを考えると、鎖国は日本にとって望ましくなかった政策のように見えるかもしれない。しかしこの問題を本当に理解するには当時の世界情勢を理解しなければならない。コロンブスのアメリカ大陸「発見」によってポルトガルとスペインの侵略主義と植民主義が本格的になり、この両国は二国間で世界を二分し植民地とすることに合意していた。世界を二国間で二分するには北極から南極までの線が二本必要になった。その一本は一四九四年のトルデシラス協定によって定められ、これによって現在のブラジルの地域がポルトガル領、それより西がスペイン領となった。もう一本は一五二九年のサラゴッサ協定によるもので、それによると九州すべてと本州西部はポルトガル領、四国と本州はスペイン領になることが合意された。ただしフィリピンは例外で、ポルトガル領の範囲であったにもかかわらず、スペイン領として合意された。

安土桃山時代はちょうど西洋の世界侵略が始まる時点であったわけである。本能寺の変がなく、自害しなかったら、信長の日本支配が長続きしたかもしれない。南蛮人たちに操作され始めていたようにも見える信長は、ことによったら事実上日本の植民地化に協力していたのかもしれない。このような推測は意味がないかもしれないが、過去と現在の日本と西洋文明の関係を理解するにはまったく役に立たないともいえない。キリシタン禁制直前の時点では、キリシタン信者は明確に増加しつつあり、相当数の日本人がキリシタンになってしまえば、ポルトガルにしてもスペインにしても、もっともらしい口実で日本人を簡単に操作できてしまったことも考えられる。宗教を用いて植民地にするのは武器を用いるより簡単になってしまう。これは南アメリカ、中央アメリカ、フィリピンなどを見れば誰にも理解できる。

西洋文明のアジアの侵略と植民地化

西洋文明の拡大主義は、一六世紀にポルトガルとスペインが宗教を利用した侵略主義と植民主義というかたちで日本に到達した。しかしこれは秀吉の決断、そしてその後は江戸幕府の厳しい鎖国政策によって阻止され、日本はその後約二世紀半にわたって西洋のエゴイズムに煩わされることなく独自の文明を維持発展することができた。寛永期の美術や建築、交通や産業の発達、貨幣と金融制度の整備、元禄文化の繁栄などである。効果的にそして徹底的に維持された鎖国政策のために、この間日本は西洋の拡大主義の対象にはならず、他の国々が犠牲となった。

例えばイギリスとフランスはインドを支配するために争い、結局イギリスが勝ち、一七五七年にロバート・クライブがベンガルの支配者となった。中国も欧米の植民主義の的となり、第一次アヘン戦争に負けて一八四一年に香港島はイギリスに占領され、翌年の南京条約によって割譲させられてしまった。一八六〇年には九竜半島の割譲が北京で同意させられ、更に一八九八年には新界を九九年間「借用」されてしまった。これらの侵略と植民地化に反発した中国では一九〇〇年に義和団の乱が起きたが、これは植民勢力によって鎮圧されてしまった。

これらの出来事、特に中国が侵略され植民地化されたことは、数は少なかったが世界の事情に精通していた当時の日本の知識人に重大な危機感を与えた。勿論、これより前の時点からすでに西洋文明の侵略主義と植民主義はアジア各地で実行されている。ポルトガルは一五一〇年にインドのゴアに総督をおいて植民地として管理し始め、一五五七年には中国からマカオを「借り上げ」てしまい、一八四九年にポルトガル領としてしまった。

スペインは一五六五年にフィリピンの島々を占領しカトリックの勢力範囲におさめたが、一八九八年のアメリカとの戦争で負けた結果、フィリピンはアメリカに取られてしまった。フィリピン人の独立運動はアメリカ軍によって鎮圧され、二〇万人のフィリピン人が殺害されたと言われている。これは人口の約二〇パーセントにもあたり、そのほとんどは民間人であった。

オランダは次第にインドネシアの島々を支配するようになり、一八一六年には支配を完全なものとし、これらの島々は植民地であると発表した。フランスは一八五八年にベトナムを征服し、一八六三年にはカンボジアを保護領とし、一八九三年にはラオスも保護領としてしまった。

このように西洋諸国がさかんにアジアを侵略し植民地にしていた時、日本は鎖国政策のおかげで安泰に過ごすことができ、一般の日本人はこのように世界で起こっている西洋の拡大主義などを知らなかった。幕府はオランダを通じて世界情勢をある程度把握していたものの、西洋の脅威が日本にまで達する可能性は考慮していなかった。幕府にとってはそのようなことは意識のうちになかったのである。日本がこのような状態であった時にペリーの黒船が現れた。この出来事によって、日本はあらためて西洋文明の拡大主義という現実に直面したのである。

アメリカの高圧的な傲慢さ

幕府とペリーの艦隊とのやりとりの詳しいことは拙著『なぜ太平洋戦争になったのか』に述べてあるのでここでは割愛するが、ペリーはアメリカの技術力、軍事力を徹底的に日本に見せつけ、威嚇し、脅迫し、日本がアメリカの要求に応じなければ日本を攻撃する、とまで明言し、それを実証するかのように艦隊から日本に向けて大砲を撃っている。

当時のアメリカとしては日本を侵略し、植民地化する意図はなく、アメリカの要求というのは（一）アメリカの船舶が日本近海で遭難した場合にはその船員を救助し保護すること、（二）アメリカと貿易をすること、そして（三）カリフォルニアと中国との間の航路を運行するアメリカ船のための石炭の貯蔵所を日本に開設すること、であった。しかしその要求を受け入れないなら「攻撃する」とまで言い出すのは、軍事力ですべてを解決させるというアメリカの拡大主義の態度そのものである。そして実はこの態度は二一世紀になってもまったく変化していない。これこそがパックス・アメリカーナの哲学なのである。

このアメリカの高圧的で傲慢な態度をみると、文明の自己中心的な性質を容易に理解できる。三つの要求は日本の立場などまったく考慮に入れておらず、すべてアメリカの利益だけを考えたもので、それを押しつけ押し通そう、というものであった。軍事力、技術力ではるかに劣る日本はペリーの言いなりにならざるを得ず、結局一八五四年にアメリカの利己主義そのものの日米和親条約が締結された。その後初代総領事として下田に赴任してきたタウンゼント・ハリスもペリーとまったく同じように、軍事力をもちだした脅迫と威嚇の戦術を用いた。日本側がアメリカの要求した次の条約締結に乗り気でないことを知ると、アメリカ艦隊が日本に派遣されることをほのめかした。すでにペリーによって日本が「攻撃」されるという脅迫を受けている日本としては、ここでもアメリカのいいなりにならざるを得ず、孝明天皇の勅許なしの日米修好通商条約を一八五八年に締結させられてしまった。

当然の結果としての反西洋の思想

ペリーの開国要求に対する日本国内の意見は圧倒的に反対であった。したがってこの二つの条約締結後の日本では反西洋の攘夷思想が高まったのは当然である。これが一八六二年の生麦事件、この結果として起こった翌年の薩英戦争、一八六三年の下関事件、などに至り、これらの紛争で日本側がすべて負けてしまった結果、強硬な攘夷派も西洋との軍事力の差をまざまざと思い知らされる結果となった。いくら強硬な攘夷派でも、西洋の軍事力に歯が立たなければ西洋のいいなりになるしかない、という結論になる。

薩摩藩の五代才助（友厚）は薩英戦争で捕虜になり、これを身をもって実感したのであった。その無念さが、西洋にまけないような軍事力をできるだけ早く築き上げなければ、という「富国強兵」の思想となった。五代才助は、西洋は富国強兵をしたおかげで世界支配をするのだから、日本も富国強兵をすれば負けた薩英戦争の復讐ができる、と書いている。佐久間象山も同じような意見を述べている。老中首座としてペリーと折衝し、無力感のままアメリカのいいなりにさせられた阿部正弘は「血の涙を流すようだ」とそのくやしさを表現している。

西洋を憎み嫌う反応から生まれた西洋気取りの思想

精神分析には防衛規制という考えがある。これは我々が生きていて常に体験するつらさ、苦しさ、不愉快さを軽減し、できれば忘れてしまおうとする心理的なメカニズムである。防衛規制は、元来は心理的問題を抱えている一人の人間を理解し治療をすることを目的とした考え方であるが、実際には一人だけではなく、複数の人々、さらにはある特定の民族や国や文化などを理解するためにも応用することができる。伝統的な史学では心理学や精神分析は無視されているが、少なくとも日本史を理解する場合、そして特に西洋文明の拡大主義に直面した日本と日本人の反応を理解するには大変役に立つ。

アメリカとヨーロッパが日本に見せつけた態度は傲慢であり、エゴイズムそのものであった。圧倒的な軍事力の強さを思い知らされ、日本は抵抗できない無念さを切実に感じさせられたのである。しかし日本人の心理はそのままの状態であったわけではなかった。防衛規制の反応を示し始めたのである。防衛規制にもいろいろあるが、その中の一つに「攻撃者との同一視」というものがあり、これが当時の日本人が次第に見せるようになった反応であった。日本は弱い、西洋のいいなりになっている、それに対して日本は何もできない、と常に感じさせられているのはつらく不愉快である。この心理から抜け出すのに「攻撃者との同一視」が役に立った。

簡単に説明すると、自分自身を攻撃者の立場におき、あたかも自分が攻撃者であるように考え、感じとるのである。自分が攻撃者であるという心理になれば、攻撃者にいじめられている弱い自分は消えてなくなり、強い自分として意識できるようになる。これは当時の文書を見れば充分に実証できる。福沢諭吉、杉田鶉山、内村鑑三、陸奥宗光、高山樗牛、などの書いた文書はよい例である。このような文書から推察すると、西洋という攻撃者と同一視をする心理反応は、日清戦争の頃にはすでに当時の政治家や思想家の間にかなり明確に現われていたものと思われる。

攻撃者である西洋と同一視をした結果

日本の近代現代史の観点から眺めると、西洋と同一視をした結果生じた二つの重要な事実がある。第一に、日本はあたかも西洋の一種であるように感じ始めた。事実、陸奥宗光は、日本は西洋式の新しい文明であるから清国のような旧式のアジアの国に戦争をしかけてもよい、と主張し、日清戦争を正当化している。内村鑑三さえも同様な意見を述べている。杉田鶉山、徳富蘇峰も同様で、西洋と同一視をした結果、西洋のすることは日本のすること、という思想となり、これこそがその後の日本の侵略主義と植民主義にいたる思想的根拠であった。つまり西洋が侵略をし植民地を形成するのだから日本もそれと同じことをしてよい、さらにはしなければならない、という思想である。台湾の取得、日韓併合、大東亜共栄圏などはすべてこの思想的背景に基づいて理解されなければならない。

第二に、同一視の結果、西洋の考えること、西洋の信じることは、日本の考えること、日本の信じることと思うようになった。つまり日本は「西洋」なのだから、西洋の思想はそっくりそのまま日本の思想である、という信条である。この点に関しても実証できる充分な資料が存在する。

一八八六年に小崎弘道は、日本は大改革をしなければならないから儒教や仏教ではなく、キリスト教を日本の宗教にすべきだ、と書いており、津田真道は一八七四年に日本人にキリスト教を教えることは文明の流れにそっている、としている。中村正直は一八七一年に漢文で、そして翌年には英語で、匿名の論文を発表し、天皇は洗礼を受けてキリスト教の教会の主導者になればよい、そうすれば西洋各国の王は日本を東洋の中の西洋と見なして祝福するだろう、などと述べている。自由民権運動も、西洋がそうだから日本もそうならなければいけない、という同一視の結果の思想運動なのであった。

ヨーロッパでの「黄禍論」の台頭とアメリカの排日移民法施行

一八七〇年代、八〇年代の日本では、日本は「西洋」の国である、と言ったり、日本人は西洋人のように考えてキリスト教信者になれ、といっても別にどう、ということにもならなかった。日本国内で日本人があれこれといろいろな主張をしても、西洋ではそんなことにはまったく興味はなく、それに注意する必要もなかった。何と言っても西洋にとっては日本は非現実的にも見える異国でしかなかった。要するに西洋にとっては日本は存在意義のなかった国であった。

しかしこれが日清戦争を期として突然変化し始めた。それはいわゆる「黄禍論」の台頭である。

それまでの西洋では中国という大国が存在することはよく知られていた。しかし日本という、それまでほとんど聞いたこともなかったような小国が中国と戦争をし、勝ってしまうのは西洋にとって驚きであった。これを耳にしたドイツの皇帝ヴィルヘルム二世は日清戦争の直後に日本という新興国の危険さを述べた。そして日本とロシアとの間で戦争が起こりそうだという可能性を感知したヨーロッパでこの思想、つまり「黄禍論」があっという間にひろまってしまったのである。当時ヨーロッパでこの思想の台頭を直接観察した森鷗外はこれについて一九〇四年に本を出版しているくらいである。そして森鷗外の予感のとおり、日露戦争での日本の勝利は「黄禍論」の予言を実証することとなり、この思想をさらに広めてしまう結果となった。

日本は西洋気取りで第一次世界大戦に参戦し、戦勝国の一つとなったが、これは「黄禍論」の声を更に高めることになった。戦後処理のため一九一九年にパリで講和会議が開かれ、ここで将来の国際紛争を回避するために国際連盟を結成することが討議された。日本は切実に感じられていた「黄禍論」に対処するためにこの国際連盟の規約に人種差別禁止の条項を入れることを提案したが、これはオーストラリア、イギリス、アメリカなどの反対で採択されなかった。

ヨーロッパでの反日思想の台頭は日清、日露戦争の結果であり、日本人との直接の接触の結果ではなかったが、アメリカの場合には日本人の移民に対する反対にもとづくものであった。これは一九〇七年の日本人がハワイからアメリカ本土に移住することの禁止にはじまり、その後いくつかの日本人移民を制限する法令の後、一九二四年の新移民法、いわゆる排日移民法によって日本からアメリカへ移住することは完全に禁止となった。このようにしてヨーロッパもアメリカも反日排日の態度を行動で示したのである。

鎖国時代にやってきたアメリカ人に対する反応

鎖国の時代には日本と接触することを許されていた西洋人はオランダ人だけであった。しかしオランダ人は極度に制限されて出島にだけ居留することを認められていたため、江戸湾周辺の日本人にとっては、ウイリアム・アダムスやヤン・ヨーステンのような例外もあるものの、強引に乗り込んできたペリーの艦隊の乗組員がポルトガル人、スペイン人といった南蛮人以来、事実上初めて見た西洋人であった。一般庶民にとっては何よりも好奇心が先立ったものと思われる。

例えばペリーに同行したジョージ・ヘンリー・プレブルは日記を記しているが、一八五四年二月一六日に江戸湾で測量をしていると、好奇心をもった老若男女が上陸しろと手招きをし、我々がハンカチを振るとそれに答えて首飾りを振ってみせた、とある。何隻かの漁船がアメリカ艦船に近づき、日本側は米とタバコに点火するための火を差し出し、アメリカ側はビスケットとタバコを渡した、と記している。

二月二〇日には、大きな町の近くで測量をしていると沢山の観衆が岡の上に集まり、上陸しろと手招きをし、絶対に間違えることのない手振りでそこの女性たちと性交をするように、とすすめた、一人の女性は着物をひろげて裸になってみせた、とまで書いている。これにはプレブルもびっくりしたようで、彼らは非常にわいせつな人々か、以前に船員の相手でもしていたのであろうか、と書き加えている。これは品川の宿場近くの出来事であったのかと推測される。

ペリーの艦隊と直接接触し、威嚇され脅迫されていやな体験をさせられた阿部正弘その他の幕府の役人や与力の場合を除けば、そして艦砲射撃を撃たれて恐れおののいた時点以前の庶民としては、これはかなり一般的な反応ではなかったかと思われる。多くの人類学的な記録を見ると、未開であるかないかに関わらず、ほとんどの人種、民族はまったくの外部の人間に対し好奇心をもって接し、最初から敵対的な態度をとらないのが一般的であり、日本人庶民がペリー艦隊の乗組員に示した態度も例外ではなかったと思われる。

そして特記しておくべきことは、日本側の関係者は、威嚇され脅迫され続けていたにもかかわらず、ペリーその他のアメリカ人を人種主義的な表現を用いて描写をしていなかった点である。彼らは「異人」または「外国人」と描写されていてこれは誠に客観的な表現である。しかし当時の日本人にとって、これらアメリカ人たちが魅力的な風貌をしているとは見られなかった。これはペリーを描いた有名な「ペルリ」の肖像画を見ればよくわかる。

日米修好通商条約を批准するため、一八六〇年にワシントンに赴いた日本代表団の一行は見るものすべてが物珍しく、弥次北珍道中のような体験をするが、それと同時に多くのアメリカ人を観察することとなった。しかしこれら日本人が抱いたアメリカ人の身体についての印象はあまりかんばしくなかった。正使であった村上淡路守範正は、女性は色が白いが髪の毛は赤く、眼は犬の眼のようで興ざめがする、稀には髪も眼も黒い人もいてアジアの人種であろうが魅力的である、といった内容の印象を記録に残している。

文明開化の時点の西洋人に対する態度

文明開化と共に西洋と西洋人を描いた文学が現われるようになった。その中の一つに『万国航海西洋道中膝栗毛』という作品がある。これはその題名から推察できるように、江戸時代の大ベストセラーになった十返舎一九の『東海道中膝栗毛』にあやかり、その西洋版で一儲けしようと一八七〇年から一八七六年にかけて発行された。全一五編で作者は一一編までは仮名垣魯文、その後は聡生寛である。文章は『東海道中膝栗毛』と同様なスタイルで、常におもしろおかしく書かれてある。もちろん作者は実際に西洋に旅行したわけではないのですべて想像で書いたわけであるが、あまり西洋人とは接触をしていなかったと思われる作者たちの考え方が推察される。

文明開化の文学としてよく知られているものに服部応賀の『当世利口女』（一八七三年刊）があり、これは福沢諭吉の欧化政策に対し、応賀が反対の意見を表明したもので、例えば日本の女性が眉を剃りお歯黒をするという風習を弁護している。応賀の作品にはこの他にも『分限正札知恵秤』（一八七四年刊）や『近世あきれ蝦蟇（かえる）』（一八七四年刊）があり、どちらも欧化政策を厳しく批判している。『知恵秤』では洋学者や西洋人を攻撃し洋学否定の態度を示している。そしてこれらの文明開化の文学に共通して言えることは、西洋人に対する劣等感などはまったく表現されていない点である。

それどころか、西洋人について評価している場合には好ましくない判断が散見される。一八七三年に刊行された横河秋涛の『開化の入口』は賢い者と愚か者二人の対話になっており、愚か者は、西洋人の髪の色は赤馬の毛のようで、眼の色は団栗色で、「大便と小便を一度にする事ができぬ」などと書き、「畜生に近いもの」と決めつけている。この「大便と小便」うんぬんの件はなぜか当時広く知られていたことらしく、文明開化の文章にしばしば見られる。賢い者はこれに反論するわけであるが、当時の日本を二分した意見を描写したものと思われ、興味深い。

開国直後の西洋人に対する態度

黒船の襲来以来、西洋人と接触するようになり、日本人は西洋人に対し一般化されたある特定の考え、英語でいうところのステレオタイプ、を持ち始めた。しかしこの種のステレオタイプは最初のうちはどちらかといえば好ましくないもので、西洋人が美しい、とか西洋人の皮膚は白い、などといったものは含まれていなかった。西洋人はあくまでも「外国人」または「異人」であり、この二つが当時最もあたりまえに使用された表現であった。安土桃山時代に使用された「南蛮人」はポルトガル人やスペイン人といった南ヨーロッパ人を指し、「紅毛人」はオランダ人、イギリス人などの西ヨーロッパ人を指していたが、この二つは黒船以後はあまり使われなくなり、「外国人」または「異人」、特に「異人」が一般的に使用されていた用語であった。これが文明開化の時点での表現方法であった。

開国直後の日本人庶民は、ペリー来航当時の場合とまったく同じように、「異人」に対しては好奇心をもって接触し、友好的であった。一八七八年に横浜に着き、五月から一二月まで日本に滞在したイサベラ・バードは日本人は外国人に対し好奇心をいだいていたが恐れてはいなかった、と記述している。一八五五年から六一年までの日本を観察したヘンリー・ヒュースケンは「反感、怒り、そして無関心ささえも見せる者は一人もいなかった、(開国されて)外国人が来られるようになって誰もが喜んでいるようである」としている。ここで特に注目すべきことは「外国人」や「異人」と接触するようになり、好奇心をもち、友好的にしていたが、日本人は特にそれ以外の感情や反応はもたなかった。これが接触した最初の段階での結果であった。

同一視の結果としての西洋の人種主義受け入れ

しかし一九世紀の終わりに近づくにつれて、この言語感覚と人種描写に変化が起こりはじめた。「白色人種」、「白人」などという表現が日本語に現われるようになったのである。それは（一）当時の日本の思想家が西洋の拡大主義という脅威を意識したこと、（二）その結果として西洋という攻撃者との同一視をしたこと、そしてさらには（三）その結果として西洋の侵略主義と植民主義の人種感覚と言語使用法を受け入れてしまったこと、という三段階の理由のためである。

侵略主義と植民主義を人種主義の思想によって推進するという西洋文明のやり方からみれば当然であるが、西洋は「白色人種」、「白人」などという表現を盛んに使用して、西洋人は他の人種とは違う、他の人種より優れている、という思想を世界に広めたのであった。脅威を感じて西洋と同一視をした日本人の思想家は、その結果西洋の人種主義の言葉づかいまで受け入れてしまったのである。それと同時に、「異人」とか「外国人」などと言う表現は国際関係に関しては消えてなくなってしまった。ペリーとの交渉にあたった幕府の役人がこの二つの表現しか用いなかったのと好対照である。

杉田鶉山は一八八三年に「興亜策」と題された政治的論文を発表しているが、その中で「白色人種」という表現を用いている。それと同時に「黄色人種」という表現も現われる。論文の主旨は「白色人種」が「黄色人種」を征服し､支配し､侮辱しているからアジアの人種が協力して「白色人種」に対決しろ、というものである。この二つの用語はもちろん日本語に存在していた表現ではなく、西洋の表現をそっくりそのまま直訳したものであり、これはおそらく西洋の人種主義を受け入れてしまったと同時に西洋の脅威を論じた日本で最初の論文であろう。

樽井藤吉は一八九三年に似たような論文を発表しており、その中で日本は朝鮮や清国と協力することが望ましいとしている。「白色人種」はすでにアフリカ人を奴隷にしたのだからアジアの国が団結しなければ「黄色人種」も奴隷にされ、絶滅される、としている。このように一方で西洋の人種主義の表現方法に何の疑問もたずにそれをすんなりと受け入れてしまい、他方で反西洋の思想を表現するのはその後太平洋戦争になり、それが終わって戦後の時代となり、さらには現在にいたるまで続いている。

人種差別禁止条項なしの国際連盟発足と排日移民法成立後の日本

すでに述べたように、第一次世界大戦後のパリでの平和会議で、日本は国際連盟規約の中に人種差別を禁止する規定を明記することを提案したが、これを支持して一九一九年に東京の築地で人種差別撤廃期成大会が開かれた。これには三〇〇人以上の人々が参加し、立憲政友会、憲政会、立憲国民党に所属する政治家も出席した。この会合はそのまま人種差別撤廃期成同盟会という名の会として発足し、日本は人種差別撤廃をパリ会議で強く主張せよと決議し、人種差別は自由平等に反し、国際紛争の原因となるから人種差別が存続するかぎり、いくら条約を締結してもむだである、と宣言した。それにもかかわらず、日本の提案は拒否され、人種差別禁止の条項なしの国際連盟が一九二〇年に発足した。

これだけでも日本の反西洋の感情がたかぶるのに充分であったのに、一九二四年にはアメリカで新移民法、別名排日移民法が成立し施行されるようになったため、反西洋の思想は一部の限られた政治家、思想家だけではなく、より広い範囲の共感者を得ることとなった。それまでは特に反西洋の思想を示さず、世界の紛争を人種主義の観点から論じなかった徳富蘇峰さえも、一九二六年に発表された論文の中で、「白皙人種対有色人種」という表現を用いている。そしてこの問題を取り上げた各種の政治団体が次々と結成されるようになった。人種差別撤廃期成同盟が結成された一九一九年には北一輝と大川周明が参加した猶存社が結成され、その後内務省の指導で組織された全国教化団体連合会、学者、軍人、貴族院議員を会員とする青天会、司法省の役人や軍人を会員とした国本社がすべて一九二四年に結成されている。

なかでも国本社にはあの日本海海戦の海軍元帥東郷平八郎、陸軍元帥上原勇作、などのほかに後に首相となった平沼騏一郎や高山樗牛の師である井上哲次郎も参加していた。平沼騏一郎は、日本が日露戦争で勝ったことは「有色人種」の将来に希望を持たせたとし、井上哲次郎は「有色人種対白色人種」などという表現を用いている。国本社と同様に青天会もこのような西洋文明から直訳された用語を用いて人種闘争の思想を述べている。神武会は一九三二年の二月一一日、つまり紀元節に大川周明によって結成され、「有色人種の解放及び指導」をうたっている。大川周明はある論文の中では「白人」と「黄人」という表現を用いている。「黄人」というのは樽井藤吉の用語でもあった。

「つくる会」の教科書に見られる西洋の人種主義受け入れ

このように日本の反西洋の国家主義の思想の中に西洋の人種主義の用語がそっくりそのまま入り込んでいるのは誠に奇妙である。西洋を憎み嫌っているにもかかわらず、そして西洋の人種主義に反撥しているにもかかわらず、西洋の人種主義の用語を直訳し、それを用いて反西洋の思想を表現しているのは不可解であると言うしかない。にもかかわらず、これらの政治家、軍人、政治思想家たちはそれをふしぎに思わず、西洋人は「白い」、日本人は「有色」である、と信じこんでしまっている。そしてこれは現在にいたるまで何の変化もなしに、何の疑問も持たれずに、政治思想として存続している。

二一世紀始めの日本において、いわゆる「右翼」とよばれる政治思想がある。「右翼」とか「左翼」という表現は百害あって一利なしで、このような表現を用いることによって社会思想の理解を混乱させている。この点について書くと長くなるのでここでは割愛するが、一般に「右翼」と見なされている扶桑社の歴史教科書は、思想的にはここで取り上げた考え方をそっくりそのまま継承している。『中学社会改定版、新しい歴史教科書』を見ると「有色人種の国日本が……白人帝国ロシアに勝ったことは……」、「黄色人種が将来、白色人種をおびやかすことを……」などと書いてある（一六八ページ）。いまだに西洋の人種主義にだまされたままである。

「右翼」であればこのような表現はおかしい、誤っている、西洋が侵略し植民地化するための思想ではないか、と考えないのはどう見てもふしぎである。西洋の人種主義はこれほど効果的になってしまい、「右翼」まで洗脳されてしまっている。ちなみにこの教科書の英語版がインターネット上で公開されているが、日本人は「ピープル・オブ・カラー（有色人種）」、「イエロー・レース（黄色人種）」、そしてロシア人は「ホワイト・ピープル」と訳されている。つまり西洋の人種主義そっくりそのままの英語になっている。このような教科書で日本史を習う中学生は西洋人は「白人」、日本人は「有色人種」と信じ、成長するわけである。これなら西洋の人種主義は安泰である。

日本人は「黄色」ではない、という主張

西洋の人種主義を聞かされ、日本人は「黄色い」と聞かされた日本人は、ほとんどの場合、その主張を疑いなく受け入れてしまった。しかし人間の多様性を反映して、これはおかしいと反発した日本人もいた。日本語文化の伝統から見れば、日本人の皮膚の色は原則的に「白い」か「黒い」かのどちらかであり、これをもう少し詳しく分類すると「赤銅色の」、「青白い」、「赤ら顔の」などという形容詞が使用される。一時的な心理状態の変化を反映して顔の色は「赤くなったり」、「青くなったり」、「青ざめたり」もする。しかしそれまでの日本では通常皮膚の色を「黄色い」と描写したことはなく、もし皮膚の色が「黄色」であればそれは黄疸のような病気の状態である。

日露戦争が勃発した直後、つまり「黄禍論」が台頭し、日本でもそれを感じ始めた時点の一九〇四年に、田口卯吉は、日本人はアーリア人種に属すると主張した。このアーリア人種というのは人類学的には役に立たない表現であるが、ここでは北西ヨーロッパ人のことであろうと思われる。この主張をする理由は、中国人とは異なり、日本人の多くはなめらかな白い肌を持っているからとのことであった。つまり中国人なら「黄色」でもよいが、日本人は「黄色」ではなく、「白い」という主張である。

木村鷹太郎は一九一三年に同じような主張をしている。それによると、日本人の先祖はセネガル、ギリシャ、エジプトから来ているとのことである。一九二九年には小谷部全一郎が、日本人の先祖はガドであると言い出した。ガドというのはイスラエルで消えてなくなった支族であり、ここで主張されているのは日本人はユダヤ人の子孫である、という点である。

これらの主張の共通点は日本人は「黄色」ではない、ということで、すべて「黄禍論」と西洋の反日思想台頭の後に、それに答えるかのように現れたのであった。しかし当時の日本人にとって、このように日本人がはるか彼方からやってきたと信じるのはあまりにも荒唐無稽で信じがたい理論であった。しかもこれらの主張は日本語と他の言語とのごく限られた類似点にもとづいており、素人が見てもこじつけであると感じられるもので、これでは多くの日本人の支持を受けることはできない。これらの主張は事実上すべて無視されてしまった。

しかしここで大変興味がある点は、二一世紀始めの科学の知識である。アメリカの巨大メディア企業である「ナショナル・ジェオグラフィック」とＩＢＭが始めた「ジェノグラフィック・プロジェクト」と呼ばれる共同研究によれば、日本への人類移住の波は三回あり、第一回目の移住は約五万年程昔に現在のエジプト南部からスーダン北部あたりから出発し、紅海、アラビア半島、インド南端、南シナ海、太平洋を経て九州にたどりついたことになっており、これは約四万年前のことであった。つまりアフリカ東部を出発してから約一万年かかって九州にたどりつき、その間絶えず進化をしてきたものと推察される。二〇世紀始めに日本人は「黄色ではない」と主張した人々がこれだけの知識を参考にすることができたとしたら、一体どのような主張がされていただろうかと興味をそそられる。

第九章　日本文化になってしまった西洋の人種主義

政界と同様に、文学の世界でも西洋人は「白い」という西洋の侵略と植民地化の思想を簡単に受け入れてしまった。そして開国前後や文明開化時代の意識から、西洋人は美しいという思想にまで変化していった。これは明治以来の小説にごく当たり前に見うけられ、その多くは日本を代表する小説家、文豪と呼ばれる小説家の作品である。小説というものは相手、つまり読者がなければ話にならず、いくら天才的な小説家がすばらしい小説を書いても、出版社が相手にしてくれなければ出版できない。

出版社の唯一最大の関心事は書かれた原稿を本にして売れるか売れないか、という点である。出版社は、読者がどのような本を読みたいか、どのような本を売れば読者が買ってくれるか、という点を本能的に感知する。この原則に従って小説が出版されるかどうかが決まってしまう。小説を新聞や雑誌に連載する場合でも原則はまったく同じである。

従ってある小説が広く読まれ、その小説を書いた作家が高く評価されるということは、思想史の観点から考えると、多くの日本人がその小説を理解し、それに共感し、その作家と同じように考える、ということである。現在の日本では各種の文学賞があり、これらの文学賞は小説家の登竜門となっているが、賞を決定する委員たちはやはりその時点での考え方や時の流れに敏感であり、日本の一般大衆の心理を反映した決定をするわけで、結果としては同じことになる。もし仮に『西洋道中膝栗毛』、『当世利口女』、『知恵秤』などといった本を読んでいた文明開化の読者が近い将来発表される『三四郎』や『痴人の愛』といった小説を読むことができたとしたら、おそらく理解できなかったであろう。小説は時代を映す鏡なのである。

小説に描写される日本人

夏目漱石の小説の中には、西洋の人種主義を受け入れてしまい、その観点から日本人を眺め、日本人を評価している日本人が現われる。一九〇八年に発表された『三四郎』で、主人公の三四郎は東京の大学に入学するために九州から列車に乗り、途中の浜松駅で四、五人の西洋人を見る。そして彼らに対する人種的劣等感を感じ、こんな人の中にはいったら肩身の狭いことだろう、と考える。三四郎は列車の中で知り合った男に向かって「どうも西洋人は美しいですね」と言う。

この発言だけでは必ずしも日本人は西洋人に比べて醜い、ということは意味しない。西洋人は日本人と同じように美しい、という考えにもなる。しかし三四郎が列車の中で知り合った男は「おたがいに憐れだなあ」と言ってしまうのである。その理由はその男自身も三四郎もどちらも日本人で「こんな顔をしている」から「駄目」で、そのために「憐れ」なのである。つまり日本人の顔は西洋人の顔に劣る、西洋人に比べると日本人は醜い、ということをこの男は感じているわけである。そして日本の将来についても悲観的な意見を述べる。

『三四郎』には原口という洋画家が登場し、西洋人に比べると日本人は眼が小さく、とても洋画には描けないと主張する。なぜなら「細い」眼の日本女性を描くと「めくらを描いたようでみっともなくていけない」からである。原口によれば、洋画で人物を描くには、西洋人女性のように眼の大きい人でなければならず、原口は眼の大きい、里見という女性を好んで描いている。（この原口の考えは二一世紀の日本で制作され出版され、世界にさかんに輸出されているアニメやマンガの人物の特に大きな丸い眼にそっくりそのまま反映されている。）里見は趣味の点でも西洋的で、原口は純日本的な女性より里見が好きである。

谷崎潤一郎の小説にも同じような心理を示す人物が登場する。一九二三年に発表された『アベ・マリア』に描かれているエモリという日本人の中年の男は、ニーナというロシア人の女性に片思いをし、崇拝さえしている。そしてニーナの存在を「あの白い肌の中にある白い心」と意識している。一九二五年に発表された『痴人の愛』は谷崎の作品としては『アベ・マリア』よりよく知られ、広く読まれ、映画にもなった。

日本で一般に通用している文芸論では、『痴人の愛』の中で二八歳の河合譲治がはるかに年下である一五歳のナオミに異常な愛着をしめすバカさ加減を強調するようであるが、筆者はこのようなロリータ現象ではなく、明らかに人種的劣等感を示した、当時の日本社会の風潮を示したもの、と解釈するべきものと思う。河合がナオミに惹かれた理由はナオミが西洋人のような名前であり、ナオミは顔つきが西洋人のようであり、裸になっても西洋人のようである、と描かれている。そしてナオミを見た人たちが、ナオミは混血ではないかとささやくと、譲治は得意になる。しかし本物の西洋人の女性に会う機会ができ、その手を見てナオミの手とは違い、白く美しいことを発見する。その女性は美しく、自分は醜い、と感じ、西洋人の女性を崇拝する態度が描写されている。

谷崎にはこの他にも人種的劣等感を描いたものがあり、一九二二年には『青い花』と『本牧夜話』という二つの作品が発表されている。『青い花』には西洋人の女性のように見られたいという日本女性が描かれ、彼女は西洋人になることを空想する。『本牧夜話』という戯曲には初子という女性が、西洋人は「色が抜けるように白くって……」という台詞があり、その他にも西洋人が人種的に美しいと表現している個所がある。一九二三年の戯曲『白狐の湯』では狐が人間に化けてだます、という広く知られた日本の民話に人種的劣等感をとり入れている。角太郎という頭のおかしくなった男が人間に化けた金髪で白い肌の女性に魅了され、だまされて死ぬ、という筋書である。

谷崎の精神分析的説明

このような谷崎の作品を読むと、女性の白い肌への異常な執念のようなものが感じられる。この点に興味を抱いた精神科の医師、米倉育男は谷崎とその母親との関係について大変興味のある論文を発表しているので、ここにその要約をご紹介したい。谷崎は、精神分析の観点から調べると確かに病的であった。作家として初期の作品は異常性欲を扱ったものが多く、三一歳の時に母が死亡すると「母恋い」と呼ばれる一連の作品を書くことになった。谷崎は母親に異常なまでの思慕の感情を抱いていたとのことである。彼女は評判の美人で大変色が白く、谷崎は母の白い足や肌を見てそれに極度に惹きつかれ執着感を抱いていた。米倉によれば、これが『アベ・マリア』などに表現されている「白」への執念であるとのことである。

この解釈はもっともなのかもしれない。しかし筆者が理解できないのは、これらの作品の中で白い肌をしているのは日本人ではなく、なぜ西洋人になっているのか、という点である。谷崎の作品でも『刺青』では白い肌の日本人の女性が扱われている。白い肌をもった母親を描くのであれば、この作品のように日本人の女性でよいはずである。一番納得のゆく説明はその時の日本文化、そしておそらく谷崎自身が感じていた、西洋人は「白い」という意識を表現したのではなかろうか、ということであろう。

その他の文学作品

日本人と西洋人の肌の色は違うと信じこみ、それを劣等感の主題としている小説は数多くあるので次から次へと羅列する必要はないが、著名な作家の作品で特に追加をすべきものと言えば遠藤周作の『アデンまで』であろうか。肌の色を含めて、日本人に比べると西洋人は身体的に美しい、優れている、といった内容の著名作家の作品は更に多くあり、永井荷風の『あめりか物語』と『ふらんす物語』、芹沢光治良の『巴里に死す』などはよい例である。文明開化の時点から多くの文学作品を眺めてみると、西洋人は「白く」日本人は「茶色」または「黄色」、そして西洋人は美しく日本人は醜い、という一貫した表現は二〇世紀始めになると現れ始めた。一九二〇年に人種差別禁止の条項なしの国際連盟が発足し、一九二四年にアメリカで排日移民法が成立すると、この傾向は一段と明らかになった。『アベ・マリア』に現われるエモリは、日本人は世界で嫌われている、と考えている。

文学、政治、思想などの分野の違いに関係なく、この「西洋人は白い」という西洋の侵略と植民地化を正当化する思想は二〇世紀始めに日本の文化に定着してしまった。そしてここで最も注目すべき点は、「日本人は白い」と主張した田口卯吉のような例外的な思想家は完全に無視されて相手にもされなかったことである。日本の政治思想家は一貫して「西洋人は白い」という信条のもとに「日本人は有色である」と信じ、反西洋となり、これが日本式の人種主義として「大東亜共栄圏」と「大東亜戦争」の理論的根拠となった。日本人はバカ正直というかおひとよしというか、西洋という強者と同一視をした結果、西洋の人種主義をそっくりそのまま信じこんでしまったのである。

占領軍の政策

太平洋戦争なるものはパックス・ヤポニカの信条に従って行動した日本と、パックス・アメリカーナの信条に従って行動したアメリカとの対決であった。ヤポニカというのはラテン語で日本の、という意味である。すでに述べたように、ラテン語の「パックス」という言葉は「平和」を意味するが、その後に文化や文明の形容詞がつくと全く別の意味になる。つまりある文化や文明が軍事力をもって他の文化、文明に自らの主張を押しつけ、異なった意見や反論などは一切受けつけないという、軍事力を見せびらかして何が何でも自分たちの言いなりになれという形で形成される「平和」である。

軍事力では劣る文化、文明は「ご無理ごもっとも」と「長いものには巻かれろ」の心理であきらめてしまうために軍事的な紛争にはならない。これが戦後の日本であり、現在に至るまでの日本の現実である。アメリカは身勝手なことを日本に要求し続け、日本はその言いなりになってパックス・アメリカーナによる「世界平和」に「貢献」している。これは基地の問題、貿易摩擦、日本円とアメリカ・ドルとの関係、ＰＫＯ、国連分担金、世界銀行、自由化などなど、誰でもよく知っていることであろう。

一九四五年の占領開始から一九五二年のサンフランシスコ平和条約の発効による占領終了まで、連合軍最高指令部には原則的に四つの分野で日本を指導する方針があり、これこそが事実上パックス・アメリカーナを日本人に強制するものであった。その一つは「即時、徹底的な武装解除と、アメリカその他の民主主義国の歴史、慣習、文化とその成果について学ぶ機会を日本国民に与えること」というものである。具体的には連合軍総司令部の民間情報教育局（略してＣＩＥ）の指導により「日本は悪者であった、その悪者の日本を助けてやったのはアメリカであった」、といったもの、そして「アメリカは民主主義の国で豊かですばらしい、日本も民主主義の国になればこのように豊かですばらしい国になるのだ」、と言った内容の教育映画を公民館や学校などで盛んに見せたのである。

新憲法についての小冊子が印刷され、日本の全家庭に無料で配布された。これは日本は今後一切戦争はしない、という点を強調しており、兵器をごみ箱に捨てた絵が描かれている。アメリカの観点からすれば、日本から軍事力がなくなればアメリカに抵抗できなくなり、パックス・アメリカーナを自由自在に実行できるわけで、このような小冊子を配布したのは当然であるが、現実にはこれが徹底しすぎて日本に絶対平和の思想が誕生してしまった。朝鮮戦争勃発後、アメリカは日本に再軍備をさせ、パックス・アメリカーナのための軍事力として利用しようと考えたが、この思想のために実現できなくなってしまったのはアメリカにとっては予想はずれであった。

教育の改革はそれまでのドイツ式の学校制度からアメリカ式にしようというもので、小学校から大学まで、アメリカ式の教科書となり、アメリカの考えを日本人の子供の時から教えこむこととなった。これによって文化的には日本は完全にアメリカの植民地になってしまったわけである。極東国際軍事裁判とは悪を正した正義の勝利であり、靖国神社は悪を奉ったものであり、神道は天皇を軸とした国家主義を推進する悪であり、といった具合にすべてを善と悪に分けてしまい、アメリカはいつでも善、終戦までの日本は悪、と教えるのが戦後教育であった。勿論アメリカの悪については一切無言である。これでは歴史の客観性など存在しない。しかしこれこそがパックス・アメリカーナなのである。

日本の侵略主義と植民主義は西洋に責任がある

日本がアジアの国々を侵略し植民地としたのは歴史的事実である。この点については筆者は否定などしない。その必要もない。しかし戦後教育では日本の侵略主義と植民主義だけを取り上げ、それは悪いことであったとし、なぜそうなったか、という肝心の原因については語らない。これが戦後教育でもっとも誤った点である。アメリカで一般に通用していて誰も疑問に思わない説明では、日本は人口過剰で、そのはけ口として土地が必要となり侵略したとか、資源が不足しているために資源を求めて侵略を始めたとか、あるいはナチスと同様に日本人は人種的に優れていると信じて他の民族を支配し始めた、といった類のものである。これは小学校から大学まで広く信じられている。パックス・アメリカーナに組みこまれた日本でもこのようなことを教える先生も存在する。

しかし現代と近代の日本史を調べれば、なぜ日本が侵略主義と植民主義の国になったのかは容易に理解できる。その原因は西洋の侵略主義と植民主義である。すでに述べたように、それは一六世紀に始まり、ポルトガルとスペインはトルデシラス協定とサラゴッサ協定によって世界を自分たちで二分することを決めてしまい、それを実行することを始めた。日本もその対象となったが秀吉がそれを感知して阻止し、江戸時代になると鎖国政策を実行することによって西洋が日本を侵略し植民地とすることを効果的に防ぐことができた。しかし黒船によるアメリカの徹底的な威嚇と脅迫は圧倒的な国力と軍事力を背景にしたもので、これらの点ではるかに劣る日本はすべてアメリカのいいなりにならざるを得なかった。

この立場におかれた老中首座の阿部正弘その他当時の日本の関係者や思想家の心理的反応を理解していただきたい。アメリカを憎み嫌うのは当然すぎるくらい当然である。さらに考えていただきたい。日本が何もできない無念さは、日本が国力と軍事力でアメリカに比べてはるかに劣るためと痛感すれば、その解決策は国力を高め、軍事力を高めることである。つまり西洋のようになる、アメリカのようになることが問題の解決策である。これこそが「富国強兵」のスローガンができあがった理由である。それと共に、西洋という強者と心理的に同一視をし、日本は新しい形の西洋である、と信じはじめた。これを西洋が人種主義によって拒否したために反西洋の国家主義が台頭し、それが真珠湾攻撃に至る思想になったのである。

ここでもう一度よく考えていただきたい。黒船が威嚇と脅迫を始めた時点での日本は鎖国の国である。鎖国とは外国とは縁を切る、外国とは付き合わない、外国のことには一切関心がない、という思想である。このような思想から外国を侵略しよう、植民地をつくろう、などという思想が生まれるわけがない。西洋に威嚇され脅迫された結果「富国強兵」を実現し始めた日本は、それと同時に弱さ、惨めさを忘れるために西洋と同一視をし、その結果「西洋のすることは日本のすること」、と考え始め、アジアの侵略と植民地化をしたのである。

つまり西洋が日本を威嚇し脅迫しなかったら、そして西洋の侵略と植民地化がなかったとしたら、日本の侵略と植民地化もなかったといって絶対に間違いない。西洋が鎖国の国、日本を威嚇し脅迫せず、そのまま鎖国を継続することを容認していたとすれば、日本は侵略も植民地化もしない、ブータンのような孤立した国でいたであろう。読者に是非お願いしたい。本書をお読みになった後、すべて忘れてしまっても、この点だけは記憶にのこしておいていただきたい。

現代の日本文化は翻訳文化

戦後の日本では大学もアメリカ式になり、社会学、政治学、心理学、教育学、文化人類学などといった文化、文明を取り扱う分野もほぼ完全にアメリカ式になってしまった。研究対象、研究方法、理論、用いられる概念、などはアメリカから輸入されたものばかり、といった結果になった。使用される言語は原則として日本語でも、講義や研究の内容はカタカナで、アメリカ産である。大学でこのような戦後教育を受けた世代が日本の社会の中軸になり、戦前派、戦中派と交代すると、そこにあるのはパックス・アメリカーナによって形成された日本社会である。マス・メディアはカタカナ横行の情報を流し、アメリカ文化を翻訳した知識を一般日本人に教える。従って日本のラジオ、テレビ、新聞、雑誌に用いられる用語は、英語を日本式に発音して英語とは似ても似つかない発音にしたものか、翻訳して英語での意味を保持したものが多い。

人種の表現はよい例である。統計的にみた場合、二一世紀始めのアメリカ英語ではヨーロッパ人、ヨーロッパ系アメリカ人を表現するのに最も広く用いられているのは「ホワイト」であり、翻訳文化横行の日本ではこれを「白人」と訳している。アメリカの社会学、政治学など人種の問題が常に入りこむ分野の日本語翻訳では「白人」、「黒人」、「アジア系」、「スペイン語系」、「ネーティブ・アメリカ人」などと言う分類となっていて、アメリカの人種主義の思想が学術的に日本文化に入りこんでしまう。大学でこのような講義を受ければ、現代の日本人は何の違和感も持たずにこのような表現を受け入れる。

「白人」という表現は戦後ごく当たり前になってしまい、少なくともマス・メディアでは「西洋人」や「欧米人」よりはるかに頻繁に使用されている。外国から発信された国際的ニュースを日本で紹介する場合、英語で「ホワイト」と書いてあればそれを「白人」と訳してしまう。これは英語その他のヨーロッパ語の小説を日本語に翻訳する場合でも同じことである。黒船襲来の時から使用され始めた「異人」は大正時代から昭和初期に消えてなくなり、現在ではまったく用いられない。「外人」という表現は口語では使用されるがマス・メディアでは使われない。そしてこれも「西洋人」同様、使われなくなる傾向にある。つまり日本でヨーロッパ系の人間を指すために考えられた「異人」、「西洋人」、「欧米人」、「外人」などという表現は消えてなくなる傾向にあり、その代わりに用いられるのは英語の訳の「白人」なのである。ヨーロッパ人は「白い」と信じさせられ、それに何の疑問ももたないのが現在の日本人である。

パックス・アメリカーナを宣伝する教師

パックス・アメリカーナの占領方針に従って形成された戦後教育を担う教師はヨーロッパ人は「白い」と信じて疑わない。すべて個人的な体験であるが、ある高校の歴史の先生は、初めてアフリカ人を見た日本人がアフリカ人の皮膚の色が「黒い」のを見てびっくりした話をし、「自分だって黄色いくせに」と付け加えた。ある英語学校の先生は英語の「ニガー」を「黒ん坊」と訳し、その後で「黒ん坊、白ん坊、黄色ん坊」と自嘲的につぶやいた。あるキリスト教の大学の文化人類学の教授は筆者が動物園でマンドリル（霊長類の動物）を見てきた話をすると、「人間も人種別に檻に入れて、これが黄色人種、これが白色人種というふうに展示したらおもしろいね」

と答えた。これを聞いた筆者はあっけにとられ、言う言葉がなかった。キリスト教信者でキリスト教の大学で教えていれば西洋の言うことはすべて正しいと考えるのかもしれないが、気の毒な人である、という感想をもった。

このような人々が先生として知識を伝達する立場にあれば、日本でヨーロッパ人を「白人」と表現するのが当たり前になるのも理解できる。そしてこの三人に共通しているのは、この言語の用法に何の疑問も抱かず、それを当たり前と思い、自らの人種的に劣った惨めで情けない立場に気がつき、自嘲的な反応を示している点である。漱石や谷崎によって描かれた哀れな日本人にそっくりそのままである。わずか三人の先生の発言から現代日本文化について述べるのはあまりにも無謀で飛躍しすぎるが、それでもこの三人は象徴的である。

パックス・アメリカーナを教えこむのは日本人の教師だけではない。現在の日本人はパックス・アメリカーナの言語である英語を習いたがり、いい加減に習った誤りだらけの英語をばかの一つ覚えのように得意になって使いたがる。この需要があるために、英語を母国語とする外国人、場合によっては英語を母国語としない外国人まで日本にやってきて英語を教えている。その一部は自らを日本語で「白人」と呼んで得意になっている人種主義者である。このような人間に会ったらどうしたらよいだろうか。「悪人（アクジン）」と言ってやればよい。

現代日本人の人類学的知識のおそまつさ

現在はインターネットの時代である。インターネットは日本全体に普及してしまい、ありとあらゆることがインターネット上に書かれたり議論されている。研究者の間で学問的な意見や情報を交換するために始まった過去とは異なり、現在のインターネットは完全に庶民のものとなった。当然の結果としてインターネット上に見られる日本語や知識にはひどいものもある。このようなことに目くじらを立ててどうこう言うほどの必要はないかもしれないが、少なくとも一部の日本人の人種についての知識はあまりにもお粗末である。

よく見られるのは言語と人種を混同することである。これは何も日本だけのことではなく、ナチスも混同していた。この誤りがインターネット上で散見される。例えばフィンランド人の話すフィン語はヨーロッパの言語ではなく、アジア系の言葉であるからフィンランド人は「黄色人種」である、などと書いてある。この議論を用いれば、アメリカに生まれ、英語を母国語として話すアフリカ系はヨーロッパ人である、という結論になってしまうことには気がつかないらしい。

筆者が見た別の例は、韓国人は白い肌をしているから「白色人種」である、と書いてあった。韓国人で明るい肌の色の人もいる、という観察はおそらく適切なのであろうが、「白色人種」という表現を一般に使用されている意味に解釈すればヨーロッパ人ということであろうから、どう考えてもこの発言者の人類学的知識はお粗末である。そしてご多分にもれず、「白色人種」などという表現を何の疑問ももたずに使用している。韓国人が「白い」肌をしていることに気がついたら、人種を色で分類する方法は間違っているのではないか、とは考えないらしい。西洋文明の人種主義は疑われず、ご安泰である。すでに述べた三人の先生の場合と同じように、これらの例から現在の日本人の人種的知識をどうこう、と言うのは無理である。しかしここにも日本の現在について何か考えさせられるものがある。

日本人の不可解さ

すでに述べたように、一九五〇年代のアメリカでは、ヨーロッパ系アメリカ人を「ホワイト」と呼ぶことをやめて、その代わりに「コーケージャン」と呼ぶことがかなり一般的になった。しかし敗戦、連合軍による占領と支配、民主化、戦後教育、といった体験をし、アメリカ文化に支配されアメリカ社会の変化に敏感に反応する日本でもなぜか「コーケージャン」の表現は輸入されていない。そして一九五〇年代のアメリカ社会の考え方を全く知らなかったかのように日本では「コーケージャン」という単語さえ知られていない。日本人が知っているヨーロッパ系アメリカ人の唯一の表現方法は「白人」であり、一九世紀末以来そのまま変っていない。

アメリカで「コーケージャン」という表現がある程度一般化した頃、「モンゴロイド」という表現も用いられるようになった。「コーケージャン」と同じように、この表現も人類学の専門用語からきたもので中央アジア、東アジア、東南アジアの人々を総合的に指したものである。しかし「コーケージャン」に比べるとこの用語の使用範囲ははるかに限られていて、この単語の意味を知っていたのはほとんど大学関係者ぐらいであり、一般のアメリカ人は理解もせず、使用もしなかった。

なぜ大変限られた範囲内のアメリカ人が「モンゴロイド」という表現を使い始めたかという理由は「コーケージャン」を使い始めたのと同じ理由であった。つまりある人種について良い悪いという価値観なしに客観的に言及するためであった。その背景にあったものはヨーロッパ人を「白い」と呼ぶのが誤りであると同じように、アジア人を「黄色い」と描写するのは事実に反し、しかも好ましくない表現である、と感じ始めたためであった。

日本人などの東アジア人をアメリカで客観的に描写する用語として「オリエンタル」がある。これは「モンゴロイド」よりはるかに広く知られているが、最近のアメリカの傾向としてはこれより「エージアン」の方がより一般的のようである。「オリエンタル」も「エージアン」も悪意のある意味合いは全くなく、その点では大変好ましい用語である。しかしなぜか「コーケージャン」や「モンゴロイド」と同じようにこれらの表現も日本には輸入されていない。その翻訳である「東洋系」も「アジア系」も日本ではあまり使われない。その代わりに日本人が一般的に使用するのは「黄色人種」である。これは日本人がアメリカ社会の実情とその変化を知らなかったのか、それとも日本人が自らを嘲笑することが好きなためなのか筆者には理解できない。

別の表現の必要性

世界各地にある、西洋の植民地として始まった国々には既に数億のヨーロッパ人が生存しており、何世代にもわたる場合もある。現実的に考えて、これらすべてのヨーロッパ人に「先住民に御詫びをして土地を返し、ヨーロッパに帰れ」と言っても無理であろう。私生児が生まれてしまったようなものである。それならば少なくとも世界ができることはヨーロッパ人たちに自らを「白い人たち」と呼ぶのをやめさせ、このような人種主義が誤りであることを認めさせ、謙虚な立場から人類の歴史を再考させることではなかろうか。

それでは世界各地に現実に生きているヨーロッパ人は何と呼べばよいのであろうか。分子生物学的に、そして遺伝学的にヨーロッパ人である人々はヨーロッパ人と呼ばれるべきである。それがどうしてもいやであればヨーロッパ系とすればよい。例えばアフリカにいるヨーロッパ人は「白人」ではなくヨーロッパ系アフリカ人であり、アメリカにいるヨーロッパ人はヨーロッパ系アメリカ人である。これは英語ではユーロ・アフリカン、ユーロ・アメリカンであり日本語で表現する場合は欧州系アフリカ人、欧州系米国人である。この解決策は少しも異様ではない。現在のアメリカではアメリカ生まれの日本人は日系アメリカ人と呼ばれている。これと同じことがヨーロッパ人についてはできない、という理由はない。このような改善策を拒否するのであればそれは人種主義に固執するためである。

西洋文明の特徴の要約

すでに述べたように、文化、文明というものは人類が操作動機を発揮して環境を生存に有利にすることから始まったために、主観的であり、自己中心的であり、その結果他の文化、文明に対しては利己主義的になりやすい。利己主義を正当化するための思想も生まれる。西洋文明の場合、侵略主義と植民主義を正当化するために人種主義が発生し、世界の人種を色によって分類し、ヨーロッパ人の優越性を他の人種に押しつけた。

言語の相違に関係なく、「白」と「黒」は人類にとって最初に発生した色の概念と見られ、人類はこの二種類の色を意識して文化を形成し、文明を発展させた。白と黒は対照の概念であり、時が経過するにつれて白と黒は善と悪、正と不正、純と不純、優と劣、合法と非合法、美と醜、などという対立する概念に関連して意識され、使用されるようになった。これは西洋でも日本でもまったく同じことである。

一六世紀以来、西洋は世界の侵略と植民地化を始め、これを正当化するために色の象徴を用い始めた。世界で悪事をはたらく自分たちの行動を自ら納得させ、他の人種になぜ西洋が侵略し植民地にする権利があるのかという思想を押しつけるために、自らを「白い」とし、「白い」人種は優れた人種であるから侵略をして植民地にして当然である、ということを言い出したのである。白の対照としての黒は悪いことばかりを象徴しているため、この色は西洋から見てもっともバカで醜いとされたアフリカ人に割り当てられた。

客観的に見れば、アフリカ人と同じような肌の色をしている人々、例えば一部のインド人、スリランカ人、などは原則的には「黒」とは呼ばれなかった。インドやスリランカを植民地とした英国人はこの地域にアフリカより進歩した文化、文明を発見し、人々に「黒」の色を割り当てなかったものと思われる。したがってインド人、スリランカ人は「黒」ではなく「有色」と描写されることになった。オーストラリアを植民地にした英国人は、そこにアフリカ人と同じように未開で醜いと見なされた人間を発見し、「ブラック・フェロー（黒いやつ）」と呼んだのである。日本人もこの西洋の人種主義の対象となり、「黄色い」と描写されることとなった。

二一世紀始めの西洋文明は変化している

この極端な人種主義も時の流れとともに変化し始め、二〇世紀の半ばごろからアメリカのアフリカ系住民の間から始まった公民権運動とその成功、アフリカの植民地の独立、ロック音楽の洗礼を受けたアメリカとヨーロッパの大衆のアフリカ人に対するより共感的な態度、などの結果、二一世紀始めの西洋では、半世紀前に比べると、狂信的な人種主義というものは明らかに減少している。

世界の人種を眺める眼もより客観的になり、それを反映してスウェーデンではスウェーデン人を黄色の肌の人間と描いても異様に感じなくなり、アメリカでは大多数のアメリカ人家庭を黄色い肌の人たちとしたアニメが大人気を博すようになった。これらの現象は西洋の人種主義が消えてなくなり、西洋人を「白い」と主張する思想が消えてなくなった事を意味するのではない。これは以前のまま根強く存在する。現在の西洋の実態は、人種主義の独裁的支配ではなくなり、それと異なる解釈が現われ、それがある程度認められている、というだけのことである。

西洋文明が絶対的な世界支配を誇る現在では、西洋の影響を避けることは残念ながらできない。いやでもおうでも日本は西洋の影響を受け、事実上西洋文明圏の中の一国として存在している。それなら仕方がないとしてあきらめるとしても、筆者が理解できないのはなぜ日本人は西洋文明の多様性を知らないのか、という点である。

西洋人は「白い」、日本人は「黄色い」と二〇世紀始めに言われたことを二一世紀になってもそっくりそのまま信じ、現在の西洋にはそれ以外の思想も現われ、それが大衆文化にもなり始めたことも知らない。日本人はあまりにもバカ正直というか、おひとよしというか、世間（世界）知らずというか、筆者はいくら考えても適切な形容詞を考えつくことができない。西洋の影響を受け、西洋と共に生きるのであれば日本人はもっと西洋を知らなければならない。

あとがき

本書をここまでお読みになった読者は「白人」とか「黒人」という表現は差別用語であることを理解していただけたと信じる。世界に生きているいろいろな人々に色の用語を当てはめ、良い人悪い人、優れた人劣った人、美しい人醜い人、と分類してしまうのは人種主義であり、これは西洋が世界の侵略と植民地化を正当化する手段であったことに気がついていただけたと信じる。

本書の原稿の要約に目をとおしたある出版社の編集者は、この原稿には目新しいことは書いてないために出版する価値はないとの判断を示し、この出版社では同様な内容を扱った『……白人は……』と題された本をすでに出版している、とのことであった。

筆者は本書の中で最重要であるこの問題用語を常に括弧に入れて「白人」とし、これは筆者自身の意図する表現ではないことを明示している。しかしこの本『……白人は……』の著者はタイトルにも本文にも括弧はつけておらず、この用語は日本語として当たり前と考えている。出版に携わったこの編集者も同様である。西洋文明の植民地としての日本、特にパックス・アメリカーナの圏内にある現在の日本の状態を示していて空恐ろしい感がある。

このような日本人を啓蒙し、過ちを指摘するのが本書の目的であるので、筆者は『……白人は……』の著者と編集者の態度を真っ向から拒否し声を大にして反対する。このような本が日本で出版され読まれていれば、パックス・アメリカーナは安泰である。これに反対する本書に述べられていることが目新しくなく、陳腐であるかどうかは各読者の判断におまかせする。

アメリカ出版界のことわざに、「ある人間にとっては毒でも別の人間にとっては薬である」というものがある。これはある特定の原稿に対する評価がいろいろな出版社で大きく異なる現実を描写したもので、この現象はどの国でも広く知られている。この出版社にとっては筆者の原稿は毒であったわけである。しかし花伝社の平田勝氏は全く同じ原稿に大変好意的に反応してくださり出版する価値があると認めてくださった。平田氏にとってはこれは薬であったわけで、筆者が主張している人間思考の多様性を改めて実感した次第である。拙稿を出版してくださる平田氏に心から感謝の意を表したい。

本書のむすびの言葉として各読者にお願いしたい。もし本書の意図を理解していただけたのであれば、「白人」、「黒人」、「黄色人種」などという西洋文明の侵略主義と植民主義から発生したばかげた単語を日本語から追放し、今後は一切使用しないでいただきたい。その代わりに用いるのに適切な単語はすでに本書に述べてあるのでそれらを使用していただきたい。

参考文献

井上哲次郎『我が国体と国民道徳』広文堂書店、一九二五年。

大川周明「革命ヨーロッパと復興アジア」(一九二二年)、竹内　好編『アジア主義』所収、筑摩書房、一九六三年。

岡本良知「日本人奴隷輸出問題」、『一六世紀日欧交通史の研究』所収、原書房、一九七四年。

尾佐竹　猛『夷荻の国へ』万里閣書房、一九二九年。

北原　惇『なぜ太平洋戦争になったのか』ＴＢＳブリタニカ、二〇〇一年。

北原　惇『幼児化する日本人』リベルタ出版、二〇〇五年。

北原　惇『生き馬の目を抜く西洋文明』実践社、二〇〇六年。

北原　惇『ロック文化が西洋を滅ぼす』花伝社、二〇〇七年。

五代才助「上申書」(一八六四年)、島津家編纂所編『薩藩海軍史中巻』所収、一九六八年。

佐久間象山「上申書」(一八六二年)、信濃教育会編『増訂象山全集二』所収、一九三四年。

杉田鶉山「興亜策」(一八八三年)、雑賀博愛編『杉田鶉山翁』所収、鶉山会、一九二八年。

高瀬弘一郎『キリシタン時代の研究』岩波書店、一九七七年。

立花京子『信長と十字架』集英社新書、二〇〇四年。

樽井藤吉「大東合併論」（一八九三年）、竹内　好編『アジア主義』所収、筑摩書房、一九六三年。

徳富猪一郎（蘇峰）「世界は二分する乎、三分する乎」（一九二六年）、『国民と政治』所収、民友社、一九二八年。

徳富猪一郎（蘇峰）『彼理来航及其当時』民友社、一九三四年。

日本史籍協会編『昨夢紀事』第一巻、東京大学出版会、一九六八年。

橋川文三『黄禍物語』筑摩書房、一九七六年。

平沼騏一郎「昭和維新」、『教化の資料、第二篇』所収、文部省、一九二九年。

福沢諭吉「福翁自伝」、『福沢諭吉全集第七巻』所収、岩波書店、一九五九年。

米倉育男「谷崎潤一郎とその母」、馬場謙一その他編『母親の深層』所収、有斐閣、一九八四年。

渡辺幾治郎『太平洋戦争の歴史的考察』東洋経済新報社、一九四七年。

American Anthropological Association. "Statement on 'Race,'" May 17, 1998.
Berlin, Brent and Paul Kay. Basic Color Terms. University of California Press, 1969.
Bernier, François. "Nouvelle Division de la Terre," Journal des Sçavans, pp.133-40,

1685.

Bird, Isabella. Unbeaten Tracks in Japan. Tuttle, 1973 (originally 1885).

Blumenbach, Johannes Friedrich. De Generis Humani Varietate Nativa. Vandenhoeck, 1776.

Boulle, Pierre H. "François Bernier and the Origins of the Modern Concept of Race," in Sue Peabody and Tylor Stovall, eds., The Color of Liberty: Histories of Race in France. Duke University Press, 2003, pp.11-27.

Dawkins, Richard. The Selfish Gene, 3rd ed. Oxford University Press, 2006.

Ember, Carl et al. Anthropology, 12th edition. Prentice Hall, 2006.

Gennep, Arnold van. The Rites of Passage. University of Chicago Press, 1961.

Haviland, William A. et al. Anthropology, 11th Edition. Thomson Wadsworth, 2006.

Heusken, Henry. Japan Journal 1855-1861. Rutgers University Press, 1964.

Holmes, Thomas H. and Minoru Masuda. "Life Change and Illness Susceptibility," in David R. Heise, ed. Personality and Socialization. Rand McNally, 1972.

James, D. Clayton. The Years of MacArthur, Vol. III. Houghton & Mifflin, 1985.

Jetzinger, Franz. Hitlers Jugend. Europa Verlag, 1956.

Jetzinger, Franz. Hitler's Youth. Hutchinson, 1958; Greenwood Press, 1977.

Jordanes. The Gothic History of Jordanes (originally published in Latin in 551), translated by Charles Christopher Mierow. Evolution Publication, 2006.

Kitahara, Michio. "Anerican Anthropology as Ethnoscience?" Eastern Anthropologist, Vol. 42, No. 2, pp.206-210, 1989.

Kitahara, Michio. The Tragedy of Evolution. Praeger, 1991.

Kitahara, Michio. The African Revenge. Phoenix Archives, 2003.

Kluckhohn, Clyde. Mirror for Man. Fawcett Publications, 1960.

Kottak, Conrad Phillip. Anthropology, 12th edition. McGraw-Hill, 2006.

Kowner, Rotem."'Ligher Than Yellow But Not Enough': Western Discourse on the Japanese 'Race'1854-1904," The History Journal, Vol. 43, No. 1, pp.103-131, 2000.

Lavenda, Robert H. and Emily A. Schultz. Anthropology. Oxford University Press, 2007.

Linne, Carl von. Systema Naturae, Editio Decima Tertia, 1767-1770.

MacArthur, Douglas. Reminiscences. McGraw-Hill, 1964.

Morreau, Annette. Emanuel Feuermann. Yale University Press, 2002.

Preble, George Henry. The Opening of Japan. University of Oklahoma Press, 1962.

The Shorter Oxford English Dictionary on Historical Principles. Oxford University Press, 1972.

Thunberg, Carl Peter. Resan til och uti Kejsaredomet Japan Åren 1775 och 1776. Johan Edman, 1791.

Watson, George. The Idea of Liberalism. Macmillan, 1985.

Webb, Sidney and Beatrice Webb. Soviet Communism: A New Civilization. Victor Gollancz, 1935.

文献解説

第二章

この章で述べられている筆者の文化と文明についての学術的考察と関連文献は Kitahara (1991, 2003) を参照されたい。迷惑文明としての西洋については、北原（二〇〇六年）により詳しい記述がある。利己主義と愛他主義を遺伝子的に考察した Dawkins (2006) は考えさせられる名著である。

第三章

連合軍最高司令部が日本をどのように管理してパックス・アメリカーナの国にしたかはMacArthur (1964) と James (1985) に詳しい記述がある。北原（二〇〇五年）には経済面での占領政策が詳しく記述されている。ペリーとハリスがどのように日本を威嚇し脅迫したかについて、そして排日移民法前後の日本については北原（二〇〇一年）をご覧いただきたい。イェツィンガーのドイツ語の本はJetzinger (1956)、英語版はJetzinger (1958, 1977) である。

第四章

「白」と「黒」と言う色の用語の発生についてはBerlin and Kay (1969) を参照されたい。通過儀礼についての最も重要な文献はGennep (1961) である。通過儀礼で取り上げられている現象が人生の危機であることを実証した研究としてHolmes and Masuda (1972) が興味深い。各種の色がもっている意味合いについてはKitahara (1989) を参照されたい。英単語の「白」と「黄色」の重複性についてはThe Shorter Oxford Dictionary on Historial Principles (1972) から有益な知識が得られる。カザルスの肌の色についてはMorreau(2002, p.162) を参照されたい。

第五章

アッティラの身体的特徴の描写についての唯一の資料は五五一年にラテン語で出版されたJordanes (1776) であるが、これはその後いろいろな言語に訳されている。ベルニエの論文はBernier(1685) である。リンネの代表作はLinne (1767-1770)、トゥンベリの日本人の身体的描写の記録はThunberg (1791, p.291) である。ブルーメンバッハの論文はBlumenbach (1776) である。コウナーの論文はKowner (2000) で、筆者とは異なる資料に基づいており、大いに教えられる。

第六章

キリシタン布教と南蛮勢力の植民計画の関連性については高瀬（一九七七年）が有益である。マルクスとエンゲルスの人種主義についてはWatson (1985, pp.110-21, pp.158-63) を参照されたい。ウエブ夫妻の政治思想についてはWebb and Webb (1935) をご覧いただきたい。

ピエール・H・ブールの論文とはBoulle (2003) である。クラックホーンの教科書はKluckhohn (1960) である。現在アメリカの大学で最も広く使用されている人類学の入門書で二〇〇〇年以後に出版されたか再版された四冊で、昔ながらの人種主義を示しているのはKottak (2006) とLavenda and Schultz (2007) でEmber et al (2006) がこれを真っ向から拒否する態度を示し Haviland et al(2006) は原則的に人種主義を拒否してはいるが時々勇み足を出している。

アメリカ人類学会の人種についての公式声明(American Anthropological Association, "Statement on Race," May 17, 1998) は多くの人類学教科書に引用されており、インターネット上でも読むことができる。

第七章

ロック音楽が欧米の社会に影響を及ぼした点については北原（二〇〇七年）を参照されたい。

第八章

立花京子の信長とキリシタンとの関係についての本（二〇〇四年）は推測が多すぎるが一読の価値はある。ポルトガル人が日本人奴隷を海外に売り飛ばしていた件については岡本（一九七四年）が詳しく、北原（二〇〇一年）はこの本に引用されている資料にもとづいている。

ペリーとハリスについては徳富（一九三四年）から原典を読むことができる。

五代才助の心理は島津家編纂所（一九六八年）に含まれている「上申書」をご覧いただきたい。

阿部正弘の「血の涙」の件は日本史籍協会（一九六八年）に収録されている『昨夢紀事』を参照

のこと。佐久間象山の考えは信州教育会（一九三四年）に収録されている。

日本人が西洋の威嚇と脅迫に直面した結果、精神分析で言うところの「攻撃者との同一視」をして心理的苦痛を軽減しようとしたという解釈、そしてその結果としての日本の侵略主義と植民主義の台頭の説明は北原（二〇〇一年）で、当時の政治家と思想家の考えを多く引用している。

プレブルの日記からの引用は(Preble 1962, p.119, p.123)である。日米修好通商条約批准のためワシントンに行った村上淡路守のアメリカ人の印象は尾佐竹（一九二九年、七三ページ）である。イサベラ・バードの印象は(Bird 1973, p.13, p.16)で、ヒュースケンのの印象は(Heusken 1964, p.140)である。

杉田鶉山が西洋の人種主義を受け入れた表現は雑賀（一九二八年）に所収されている「興亜策」に見られる。徳富蘇峰については徳富（一九二八年、五五ページ）を参照されたい。平沼騏一郎については文部省（一九二九年）、井上哲次郎は井上（一九二五年）、大川周明は竹内（一九六三年）、樽井藤吉は竹内（一九六三年）をご覧いただきたい。神武会の綱領は渡辺（一九四七年、一一六から七ページ）をご覧いただきたい。

田口卯吉、木村鷹太郎、小谷部全一郎などによる日本人の人種論については橋川（一九七六年、四〇から五七ページ）が詳しい。

ジェノグラフィック・プロジェクトはインターネットで詳しく見ることができる。

第九章

谷崎の精神分析的研究については米倉（一九八四年）をご覧いただきたい。

北原　惇（きたはら じゅん）

本名は北原順男（きたはら みちお）。

1937年生まれ。横浜出身。武蔵高校卒。1961年モンタナ大学（米国モンタナ州ミゾーラ市）卒（社会学と人類学の二専攻）。1968年ウプサラ大学（スウェーデン）修士課程修了（社会学専攻）。1971年ウプサラ大学博士課程修了（社会心理学専攻）。同年哲学博士号を受ける。メリーランド大学、ミシガン大学、サンフランシスコ大学、ニューヨーク州立大学（バッファロ）などでの教職、研究職を経て1997年までノーデンフェルト・インスティテュート（スウェーデン・イエテボリ市）所長。

マーキーズ・フーズフーその他海外約20のフーズフーに経歴収載。英語の著書はChildren of the Sun（Macmillan, 1989）, The Tragedy of Evolution（Praeger, 1991）, The Entangled Civilization（University Press of America, 1995）, The African Revenge（Phoenix Archives, 2003）など。日本語の著書は『なぜ太平洋戦争になったのか』（TBSブリタニカ、2001）、『幼児化する日本人』（リベルタ出版、2005年）、『生き馬の目を抜く西洋文明』（実践社、2006年）。『ロック文化が西洋を滅ぼす』（花伝社、2007年）。

ホームページURLはhttp://indimani.ifrance.com

黄色に描かれる西洋人——思想史としての西洋の人種主義

2007年10月25日　初版第1刷発行

著者　北原　惇
発行者　平田　勝
発行　花伝社
発売　共栄書房
〒101-0065　東京都千代田区西神田2-7-6 川合ビル
電話　03-3263-3813
FAX　03-3239-8272
E-mail　kadensha@muf.biglobe.ne.jp
URL　http : //kadensha.net
振替　00140-6-59661
装幀　佐々木正見
印刷・製本　中央精版印刷株式会社

ISBN978-4-7634-0504-3 C0036